Nederlandse Realisten na 1950

Nederlandse Realisten na 1950

Heleen Buijs

Waanders Uitgevers, Zwolle

Kunsthal Rotterdam

Inhoud

5 Ieder zijn eigen werkelijkheid
7 Verbeelding van de werkelijkheid
23 Hermanus Berserik
29 Barend Blankert
35 Frans Clement
41 Peter Durieux
47 Joke Frima
55 Herman Gordijn
61 Kenne Grégoire
67 Henk Helmantel
73 Theo l'Herminez
79 Ans Markus
85 Pieter Pander
91 Dick Pieters
101 Peter van Poppel
107 Jasper van Putten
113 Matthijs Röling
119 Piet Sebens
125 Bernardien Sternheim
131 Frans Stuurman
137 Jan van Tongeren
143 Willem van Veldhuizen
149 Aat Verhoog
155 Gerrie Wachtmeester
161 Kik Zeiler
166 Literatuur
167 Bruikleengevers
168 Colofon

Ieder zijn eigen werkelijkheid

Kunstenaars hebben door de jaren heen de werkelijkheid altijd naar hun hand gezet en ook Nederlandse kunstenaars vormen hierop geen uitzondering. De overzichtstentoonstelling Nederlandse Realisten na 1950 in de Kunsthal Rotterdam, waarvan deze publicatie de catalogus vormt, laat voor het eerst de hoge kwaliteit en grote diversiteit zien van een zorgvuldig samengesteld aantal Nederlandse realisten vanaf 1950 tot heden. Elke deelnemende kunstenaar is vertegenwoordigd met een afgewogen ensemble van gemiddeld zeven werken.

Het realisme is al eeuwenlang een dominante factor in de Nederlandse schilderstraditie. Zonder overdrijving kan men stellen dat realisme de enige constante is die de beeldende kunstproductie in onze streken gedurende de afgelopen eeuwen bijeenhoudt. Er is hier mijns inziens overigens geen sprake van een doorgaande ontwikkeling, maar veeleer van een doorlopende lijn. De zichtbare werkelijkheid vormde vanaf Geertgen tot Sint Jans tot op de dag van vandaag een voortdurende bron van inspiratie voor de schilders van de Lage Landen. Maar ook de schilders die in hun werk een pseudo-werkelijkheid opriepen, van Jeroen Bosch tot Carel Willink, putten allen uit deze zelfde schier onuitputtelijke bron.

Het dogma van het strikte onderscheid tussen moderne, abstracte kunst en figuratieve, realistische schilderkunst, dat de kunstwereld lange tijd in twee kampen heeft verdeeld, is aan het verdwijnen. 'Abstracte kunst bestaat niet, je begint altijd met iets' was het credo van Picasso. Tegelijkertijd begint langzamerhand het besef door te dringen dat zelfs schilderijen waarvan men lange tijd aannam dat deze een getrouwe weergave van de zichtbare werkelijkheid vormden, een grote dosis fantasie bevatten. Het beroemde *Gezicht op Delft* van Johannes Vermeer bijvoorbeeld, laat omwille van de compositie de kerktorens van een kant zien die geografisch onmogelijk is. En ook de stemmige boslandschappen van bijvoorbeeld Jacob Ruisdael bevatten elementen die in werkelijkheid nooit bestaan hebben.

Auteur Heleen Buijs laat in dit boek ons het brede scala, de visuele rijkdom en de verschillende varianten en stijlen van uiteenlopende realistische schilders zien; sommigen onderscheiden zich door fotografische nauwgezetheid, anderen door gebruik van magische elementen of historische inspiratiebronnen. Een belangrijke rode draad vormt de grote aandacht voor de schildertechniek, en het streven naar pictorale perfectie.

Het is de verdienste van Erik Wentges dat enige jaren geleden het initiatief tot deze tentoonstelling genomen is. Als medesamensteller van de tentoonstelling verzorgde hij, samen met Rutger Brandt, Loek Brons, Sacha Tanja en ondergetekende, de commissie van dit omvangrijke project. Het boek dat u nu in handen heeft, is in korte tijd op voortreffelijke wijze vormgegeven door Berry Slok en op vertrouwde wijze totstandgekomen in samenwerking met Waanders Uitgevers in Zwolle. De praktische realisering van boek en tentoonstelling werd zorgvuldig uitgevoerd door Esther Kolvenbach, bijgestaan door Katja Weitering.

Tentoonstellingen als deze kunnen alleen tot stand komen dankzij de hulp van velen. Wij zijn de talloze bruikleengevers erkentelijk voor het tijdelijk in bruikleen willen afstaan van hun kostbare bezit. Met name particuliere eigenaren zijn wij dankbaar aangezien deze werken niet zelden een ereplaats innemen in iemands woning en nu voor de duur van de tentoonstelling in de Kunsthal Rotterdam verblijven. De ING Groep danken wij voor hun ondersteuning die het mogelijk maakte de Nederlandse Realisten na 1950 op de gewenste wijze publicitair onder de aandacht te brengen. Niet in de laatste plaats danken wij de kunstenaars. Het is tenslotte hun verdienste dat tentoonstellingen als deze gemaakt kunnen worden.

Wim Pijbes
directeur Kunsthal Rotterdam

Verbeelding van de werkelijkheid

Heleen Buijs

Schilderen naar het leven

Ooit ging in het oude Griekenland de beroemde schilder Zeuxis een wedstrijd aan met zijn collega Parrhasios over wie het beste schilderij kon maken. Zeuxis onthulde een werk, waarop hij druiven had geschilderd, zo levensecht, dat de vogels eropaf vlogen. Zeuxis, die de overwinning rook door de reactie van de vogels, vroeg Parrhasios het gordijn voor zijn schilderij nu maar weg te halen. Maar het gordijn bleek geschilderd. Zeuxis gaf zijn verlies toe, want hij wist weliswaar de vogels te misleiden, maar Parrhasios had hem, een schilder, weten te bedriegen.[1]

Of het verhaal zich echt heeft voorgedaan, valt te betwijfelen. Maar de idee dat kunstenaars in staat zijn om 'net echt' te schilderen, heeft mensen al van oudsher gefascineerd. Het is vooral de technische, ambachtelijke kant van het schildersvak die ons versteld doet staan. Nog steeds zijn we onder de indruk van de zeventiende-eeuwse Hollandse schilders, die de suggestie van diepte op het platte vlak, de virtuoze stofuitdrukking, de gemoedsuitdrukking van de figuren, de gedetailleerde weergave van objecten en de inval van het licht zo voortreffelijk konden weergeven.

De vakbekwaamheid van deze kunstenaars vinden we terug in voorstellingen van interieurs, stadsgezichten, landschappen, stillevens en (zelf)portretten; genres die zich als zelfstandige specialismen vanaf het midden van de zestiende eeuw in de Nederlanden hadden ontwikkeld.

Deze voorstellingen waren niet slechts bedoeld als decoratie aan de wand, maar ook om 'te lezen', om erover na te denken en erover te mediteren. Zij bevatten veelal een symboliek met een sterk belerende, moraliserende lading. In het stilleven van Willem Claesz Heda (1594/95-ca. 1680) betreft het de overpeinzing over de vergankelijkheid van het leven. (zie pagina 8)

Hoewel lange tijd gemeend is dat onze zeventiende-eeuwse schilders de werkelijkheid natuurgetrouw nabootsten, blijkt dat toch niet altijd het geval geweest te zijn. Volgens de zeventiende-eeuwse schilder en theoreticus Samuel van Hoogstraten was de schilderkunst bedoeld om ideeën en visies weer te geven en het oog te misleiden met lijn en kleur.[2] De kerktorens in het *Gezicht op Delft*, 1658 van Johannes Vermeer zijn waarschijnlijk om compositorische redenen van een andere kant geschilderd dan de zijde die men vanuit geografisch oogpunt verwacht te zien.[3] Bloemstillevens werden vaak samengesteld uit bloemen die in verschillende seizoenen bloeien.

Het zo 'natuurgetrouw mogelijk schilderen naar het leven' door schilders uit die tijd moeten we dus niet al te letterlijk nemen. Uit compositorische overwegingen of om het schilderij een diepere, moralistische betekenis te geven door bepaalde aspecten in de voorstelling te benadrukken, zetten de kunstenaars de werkelijkheid nogal eens naar hun hand.

Wanneer we over het realisme spreken, wordt dus in het algemeen niet de exacte schilderkunstige weergave van de wereld om ons heen bedoeld. Onder realisme wordt verstaan dat kunstenaars hun beelden aan de visueel waarneembare werkelijkheid ontlenen of delen ervan weergeven. Op het doek componeert de schilder een nieuwe realiteit. De herkenbaarheid van de voorstelling staat hierbij centraal. Daarmee is feitelijk nog weinig gezegd, want de betekenis van die nieuwe realiteit zal niet altijd meteen duidelijk zijn. Kunstenaars gebruiken beelden uit hun fantasie, dromen of herinneringen en scheppen daarmee een nieuwe voorstelling. Soms is die nieuwe werkelijkheid surreëel, soms lijkt hij mogelijk of misschien zelfs wel waarschijnlijk. Het schilderij vormt dus steeds een transformatie van de waarneembare werkelijkheid naar de voorstelling op het doek. Het doek gevat in een lijst biedt een venster waar men doorheen kijkt naar de geschilderde realiteit, de werkelijkheid zoals de schilder die ziet en wij als toeschouwers in ons opnemen. Daarin onderscheidt een realistisch werk zich van een abstract schilderij. Een abstract schilderij is een wereld in zichzelf, slechts gevormd door lijn en kleur, waar wij als toeschouwer ieder voor ons zelf een inhoud of betekenis aan geven.

De begrippen realisme en figuratie worden meestal door elkaar gebruikt, ook in de benaming van de schilderkunstige

Willem Claesz Heda (1594/95-ca. 1680)
Stilleven met Roemer, 1629
olieverf op paneel, 46 x 69,2 cm
Collectie Mauritshuis, Den Haag

Gustave Courbet (1819-1877)
Steenbrekers, 1849
olieverf op doek, 157 x 260 cm.
Collectie Gemäldegalerie, Dresden

stromingen van de twintigste eeuw. Figuratie wordt tegenover abstractie gehanteerd. In feite bedoelen we daarmee eveneens het weergeven van de werkelijkheid in herkenbare beelden. In dit artikel zal ik dan ook beide begrippen door elkaar gebruiken.

In deze inleiding wordt in hoofdlijnen de geschiedenis beschreven van realistische stromingen in de schilderkunst sinds het midden van de negentiende eeuw tot heden. Niet alleen de meer behoudende kunstbewegingen kenden hun eigen vormen van realisme, ook in de moderne kunst van de twintigste eeuw komen we talrijke stromingen tegen, die als 'nieuw' realisme of 'nieuwe' figuratie van zich doen spreken. De verschillende vormen van realisme uit beide stromingen zal ik bespreken. Gezien de omvang van het onderwerp is niet naar volledigheid gestreefd, maar is beoogd te laten zien, dat na 1950 ondanks de nadruk op de abstracte kunst er steeds realistische stromingen binnen de Nederlandse beeldende kunst zijn blijven bestaan.

In de negentiende eeuw wordt de wijze waarop de kunstenaar de wereld om hem heen weergaf, sterk beïnvloed door de opkomst van de fotografie en zijn snelle technische ontwikkelingen. De fotocamera was immers in staat de werkelijkheid in korte tijd tot in detail weer te geven. Kunstenaars moesten zich positioneren tegenover dit nieuwe medium en onderzoeken waarin de verschillen lagen tussen schilderkunst en fotografie.

Enkele relevante individuele schilders en stromingen uit de late negentiende en begin twintigste eeuw, die invloed hebben uitgeoefend op de realisten van na 1950, worden hier ter sprake gebracht.

Vanaf 1945 worden twee parallelle ontwikkelingen in de Nederlandse schilderkunst beschreven, namelijk die binnen de moderne kunst en binnen de meer behoudende figuratie. Beide bewegingen leverden vooral in de jaren vijftig en zestig strijd met elkaar: de figuratieven wilden erkenning in het officiële kunstcircuit, terwijl de modernen vernieuwing en verandering nastreefden en zich weinig tolerant toonden naar niet-modernen. Pas in de jaren tachtig werd geleidelijk de strijdbijl begraven, toen ideologieën uit de mode raakten en persoonlijke keuzes van kunstenaars gingen prevaleren. Figuratieve stromingen komen in de moderne kunst steeds meer in zwang en in de jaren negentig is abstractie grotendeels uit de mode geraakt.

De figuratieve bewegingen in Nederland die niet aan het modernisme gelieerd waren, vormden, met uitzondering van de realisten en Verve in de jaren vijftig, brede stromingen die talloze deelnemers kenden en vaak decennia lang bestonden, deels naast, deels na elkaar. Kunstacademies, zoals de Rijksacademie te Amsterdam en de Academie Minerva te Groningen, speelden hierin een centrale rol. Generaties studenten kregen les van docenten die figuratief schilderden en hen het technisch vakmanschap bijbrachten. Overigens varieerde deze figuratie van impressionistisch tot in detail geschilderd.

Binnen deze realistische traditie in de Nederlandse schilderkunst nemen de hier getoonde fijnrealisten een aparte plaats in. De kunstenaars, wier werk geëxposeerd wordt op deze tentoonstelling, kunnen gezien worden als een dwarsdoorsnede van wat er op het terrein van het fijnrealisme in Nederland wordt geproduceerd. Ik gebruik hier de term fijnrealisme ter onderscheiding van de vele andere figuratieve bewegingen, die de afgelopen decennia opkwamen en weer verdwenen. De hier getoonde schilders beogen fijn te schilderen, met dun penseel of in ieder geval een illusie van detaillisme te scheppen. Echte fijnschilders, zoals de zeventiende-eeuwse Leidse fijnschilders, zijn de meeste van de hier getoonde kunstenaars niet. Dick Pieters bouwt zijn schilderij op uit hele kleine puntjes verf, die hij naast en over elkaar zet. Jasper van Putten en Bernardien Sternheim schilderen alleen de laatste lagen van de voorstelling met dun penseel. Henk Helmantel, Barend Blankert en Piet Sebens werken sommige delen van het beeld geheel uit en behandelen andere delen slechts met kwast, paletmes of groot penseel. Het huidige werk van Matthijs Röling is bijna impressionistisch van toets. Zijn vroegere werk is wel gedetailleerd geschilderd.

De kunstenaars op deze expositie hebben met elkaar gemeen dat zij – behoudens een enkele uitzondering – zich beperken tot één of twee thema's en zich in hun werk weinig gelegen laten liggen aan hedendaagse maatschappelijke en schilderkunstige ontwikkelingen. Aan het eind van mijn inleiding ga ik uitgebreid in op de kenmerken die hen typeren èn tevens onderscheiden van het modernisme.

Het 'objectieve' oog

Het begrip realisme dateert pas uit het midden van de negentiende eeuw en werd voor het eerst gebruikt door de Franse schilder Gustave Courbet (1819-1877). Deze vond, dat het de taak was van de moderne kunstenaar om naar eigen waarneming te schilderen. Voor hem als sociaal voelend kunstenaar betekende dit dat hij het echte leven van de gewone man moest weergeven. Dit in tegenstelling tot zijn collega's die volgens de dan gangbare traditie geromantiseerde voorstellingen schilderden van historische en literaire gebeurtenissen of de mythische wereld van de antieke goden.

Zijn eerste realistische schilderij, *Steenbrekers* (1849) (zie pagina 8) maakte een storm van protest los vanwege het ongebruikelijke onderwerp. De aanleiding tot het maken ervan was dat Courbet twee mannen langs de weg stenen had zien hakken en hen vervolgens uitnodigde in zijn studio om voor hem te poseren. Op deze manier maakte hij een groot schilderij, dat was gebaseerd op datgene wat hij had gezien. Courbet beoogde hiermee een natuurgetrouw en objectief verslag te doen van een scène uit het dagelijks leven van de gewone landarbeider. Zijn positie als schilder formuleerde hij aldus: 'Ik kijk naar de mens op dezelfde manier als naar een paard, een boom of ieder ander object. (...) Waar ik zelf sta maakt me niet uit. Iedere plaats is goed, zolang ik maar de natuur voor me zie'.[4]

Courbet definieerde hiermee zijn visie op het realisme als een objectieve, neutrale, en volgens hem dus als een exacte weergave van de werkelijkheid. Met deze opvatting ging de schilder de strijd aan met de fotograaf. Hij pretendeerde met het oog en de hand net zo objectief de werkelijkheid weer te kunnen geven als de fotograaf met de fotocamera. De fotografie, uitgevonden in 1839, ontwikkelde zich snel. Fotografen trokken overal naar toe en fotografeerden dagelijkse en huiselijke dingen, maar ook beroemde gebouwen, zoals de piramides en onbekende landschappen die men nooit had gezien en alleen van naam kende. De camera als objectief oog legde alles vast op de plaat, nauwkeuriger en gedetailleerder dan de schilder. De vraag rees dan ook in het midden van de negentiende eeuw hoe schilders zich moesten verstaan ten opzichte van de fotografie. Was deze nieuwe vinding een vloek of een zegen?

Tegenstanders keerden zich onder invloed van de fotografie tegen het realisme in de kunst. De fotografie was er schuldig aan, meenden zij, dat realisten als Courbet zulke lelijke, banale en onesthetische schilderijen maakten. Schilders moesten gevoelige, idyllische en mooie voorstellingen maken met hoogstaande onderwerpen. Voorstanders schilderden de alledaagse thematiek waar de fotografie zich op richtte en gebruikten foto's als voorbeeld voor hun schilderijen en kwamen daar ook ronduit voor uit. De wereld werd door de brede verspreiding van foto's in kranten en tijdschriften steeds meer zichtbaar, zoals hij werkelijk was en men werd zich bewust van het 'kunstmatige' van de academieschilderkunst. Zij benadrukten dat er in tegenstelling tot een foto in een schilderij altijd een persoonlijke component van de schilder is verweven. 'De weergave van de natuur door de mens zal nooit een weergave of een imitatie zijn, maar altijd een interpretatie', aldus de Franse schrijver Champfleury.[5]

De heftige strijd, die in de tweede helft van de negentiende eeuw gevoerd werd tussen voor- en tegenstanders van de fotografie, liet ook de impressionisten niet onberoerd.

Zij gingen nog een stap verder dan de realisten. Zij trachtten buiten verf en ezel zo objectief mogelijk een bepaald moment van de dag met zijn specifieke lichtval weer te geven: een zonsondergang, de kathedraal van Rouen op verschillende tijdstippen van de dag etc. Zij onderzochten onder invloed van nieuwe kleurtheorieën de werking van het licht en de daarbij behorende kleurveranderingen in het landschap en probeerden in een nieuwe stijl van schilderen de kleur vast te leggen.

Sommige impressionistische kunstenaars namen zelfs picturale vormen vanuit de fotografie over. Zo zou Claude Monet (1840-1926) bijvoorbeeld in zijn *Boulevard des Capucines*, 1873 de mensfiguren onuitgewerkt hebben gelaten om net als in foto's uit die tijd, toen men nog geen snelle sluitertijd kende, het idee van bewegende mensen te visualiseren. Onder invloed van de snap-shot fotografie koos Edgar Degas (1834-1917) specifieke invalshoeken van waaruit hij zijn danseressen schetste en paste afsnijdingen toe, die tot ongebruikelijke composities leidden.[6]

Ook een kunstenaar als George Breitner (1857-1923) gebruikte foto's van het stadsleven van Amsterdam om het dagelijks leven van deze stad te schilderen. Voor hem hadden foto's dezelfde gebruikswaarde als schetsen en voorstudies.[7]

De wereld achter de werkelijkheid

Een reactie op deze ontwikkelingen kon niet uitblijven. Laat negentiende-eeuwse generaties kunstenaars, zoals de post-impressionisten en symbolisten keken met dédain neer op deze mechanische, verbeeldingsloze wijze van weergave van de realiteit. De schilder moest zijn verbeelding weer gaan gebruiken. De menselijke hand, intuïtie en een abstractere opvatting van de werkelijkheid werd nu van fundamenteel belang geacht voor de kunst.

Net in de twintigste eeuw gestapt, deden de expressionisten er nog een schep bovenop. Met heftige verfstreken, uitbundige kleuren en gewaagde kleurencombinaties drukten zij hun meest individuele gevoelens en emoties uit. Volgens Henri Matisse (1869-1954) bestond 'Expressie (...) naar mijn idee niet uit de passie die weerspiegeld wordt op een gezicht of verraden wordt door een heftig gebaar. De hele compositie van mijn schilderij is expressie. De ruimte ingenomen door mensen of objecten, de lege vlakken erom heen, de proporties, alles speelt een rol'.[8]

Onder invloed van wetenschappelijke vindingen en maatschappelijke vernieuwingen, zoals Einsteins relativiteitstheorie en de opkomst van het socialisme en communisme, zochten kunstenaars naar wegen om de nieuwe eeuw gestalte te geven. Nieuwe stromingen in de beeldende kunst tuimelden over

Henri Rousseau (1844-1910)
Paard aangevallen door een jaguar, 1910
olieverf op doek, 89 x 116 cm
Collectie Pushkin Museum, Moskou

Giorgio de Chirico (1888-1978)
De beloning van de ziener, 1913
olieverf op doek, 136 x 181 cm
Collectie Philadelphia Art Museum, Philadelphia

Carel Willink (1900-1983)
Stadsgezicht, 1934
olieverf op doek, 75 x 100 cm
Collectie Stedelijk van Abbemuseum, Eindhoven

elkaar heen. Kunstenaars waren vol enthousiasme op zoek naar een nieuwe vormentaal om nieuwe ideeën te verbeelden: fauvisme, cubisme, futurisme, neo-plasticisme, constructivisme en dadaïsme ontstonden en verdwenen in een periode van slechts enkele decennia.

Twee eenlingen, die geheel los van deze bewegingen aan het werk waren, moeten hier genoemd worden. De schilderijen van de Fransman Henri Rousseau (1844-1910) brachten op de *Salon des Indépendants* te Parijs van 1886, de jaarlijkse tentoonstelling waar werk niet door een jury goedgekeurd hoefde te worden, zelfs onder de moderne kunstenaars een schok teweeg. Zijn schilderijen zijn gedetailleerd uitgewerkte droomvoorstellingen, in naïeve stijl geschilderd en losstaand van iedere gangbare trend. Critici zeiden dan ook dat hij niet van zijn tijd was. Mensen lijken verdwaald in geheimzinnige landschappen; roofdieren dwalen rond in exotisch groene bossen vol met uitbundig bloeiende bloemen, jagend op een prooi. De droomachtige sfeer heeft echter ook iets verontrustends. De ondoordringbaarheid van de bossen en de jagende roofdieren doet ons bewust zijn van de onzichtbare dreiging in een lieflijke omgeving. (zie hiernaast)

Rond 1910 ontwikkelde de Italiaanse schilder Giorgio de Chirico (1888-1978) zijn metafysische schilderkunst. Niet geïnteresseerd in de modernistische bewegingen van zijn tijd probeerde hij een nieuwe esthetiek van het romantische te scheppen. Wat hem fascineerde was het onverklaarbare in onze zichtbare wereld, dat hij verbeeldde in schilderijen met architecturale bouwelementen, beelden ontleend aan de klassieke oudheid, met paspoppen en herinneringen uit zijn jeugd.

De Chirico stond in zijn ideeën onder invloed van de filosoof Nietzsche (1844-1900) die geloofde dat achter de zichtbare wereld nog een andere werkelijkheid verborgen lag, die men in de droom kon vatten. De Chirico werkte dit thema uit. Volgens hem zijn dingen alledaags, omdat we ze zo gemaakt hebben door er op een bepaalde manier naar te kijken.[9] Maar door ze in het perspectief van de droom of zijn jeugdherinneringen te plaatsen, schiep De Chirico een geheel andere wereld. Hierin staan de objecten los van elkaar, hebben geen onderling verband en is de mens afwezig. De voorstellingen hebben een raadselachtige symboliek en iets dreigends, doordat de werkelijkheid er heel anders uit ziet dan we gewend zijn en tegelijkertijd iets vanzelfsprekends heeft. (zie hiernaast)

Door kunst te maken en steeds andere perspectieven te kiezen, kunnen we uiteindelijk de werkelijkheid kennen, meende De Chirico.

De gedachte binnen de schilderkunst over de relatie tussen het scheppen van kunst en het weergeven van de innerlijke werkelijkheid onderscheidt zich daarin van zijn voorgangers en bepaalt zijn verwantschap met abstracte bewegingen.

Het gebruik van herinneringen en dromen en het uit zijn verband halen van beelden uit hun context zien we later terug bij dadaïsten en surrealisten, zoals Max Ernst (1891-1974) en Salvador Dalí (1904-1989).

De invloed van De Chirico werkte ook door in de realistische kunst van de jaren twintig en dertig van de vorige eeuw, die onder namen als Neue Sachlichkeit, neo-realisme, magische realisme en surrealisme overal in Europa en Amerika naar voren trad.[10] Het was een brede beweging, waarin beeldende kunst, fotografie, film en literatuur elkaar over en weer inspireerden.[11]

Ondanks gemeenschappelijke wortels bestond er niet één realisme, maar was er een grote verscheidenheid aan beeld en expressie. De Duitse Neue Sachlichkeit kende enerzijds een maatschappijkritisch realisme, zoals van Otto Dix (1891-1969), Rudolf Schlichter (1890-1955) en Georg Grosz (1893-1959), anderzijds een meer poëtische kant, zoals (een deel van het werk) van Max Beckmann (1884-1950) en Christian Schad (1894-1982). Het Franse en Belgische surrealisme ontleende zijn ideeën vooral aan Freuds geschriften over de werking van het onderbewuste. Binnen deze beweging gebruikten kunstenaars als René Magritte (1898-1967), Salvador Dalí en Max Ernst in hun werk aan de realiteit ontleende elementen, terwijl Yves Tanguy (1900-1955) en de Spanjaard Juan Miró (1893-1983) abstract schilderden.

Deze terugkeer naar het herkenbare beeld, zoals we dat bijvoorbeeld ook bij het werk van Picasso (1881-1973) uit die tijd zien, is een terugkeer naar de klassieke traditie en eenvoud, die niet aan een bepaalde stijl gebonden was. Het was een algemeen gevoelde behoefte aan orde en overzichtelijkheid dat door de Franse schrijver Jean Cocteau in 1926 werd verwoord als een 'rappel à l'ordre'.

Na de Eerste Wereldoorlog was namelijk weinig ruimte overgebleven voor toekomstdromen en persoonlijke gevoelsuitingen, zoals verbeeld door expressionisten en abstracte kunstenaars. Kunstenaars trokken zich terug in hun eigen wereld, waarin zij zich toelegden op het schilderen van stillevens en landschappen vol symboliek of, zoals in Duitsland, een nuchtere houding aannamen, waarin het dagelijks leven, het hier en nu met zijn beperkingen en zijn harde politieke realiteit, centraal kwamen te staan.

Nederlandse kunstenaars kwamen in aanraking met de nieuwe stromingen, zoals de magisch realisten Carel Willink (1900-1983), Pyke Koch (1901-1991) en Raoul Hynckes (1893-1973). Zij worden tot de kunstenaars van de nieuwe zakelijkheid gerekend, evenals de meer realistisch werkende kunstenaars als Dick Ket (1902-1940), Wim Schumacher (1894-1986), Johan Mekkink (1904-1991), Charley Toorop (1891-1955) en Edgar Fernhout (1912-1974).

Willink, Koch en Hynckes ontwikkelden hun magisch realisme als reactie op de abstracte, non-figuratieve kunst en hadden een afkeer van het modernisme. Zij vonden dat de techniek van het schilderen sinds het impressionisme was verwaarloosd en onderzochten oude schilderstechnieken om te ontdekken hoe in het verleden de stofuitdrukking van een voorwerp in verf was verbeeld. Door te reizen maakten zij kennis met de kunst van de Italiaanse renaissance, de Hollandse en Vlaamse primitieven uit de veertiende en vijftiende eeuw en de Nederlandse zestiende- en zeventiende-eeuwse schilderkunst. Invloeden van deze stromingen zijn in hun werk op diverse manieren terug te vinden.[12] Ook het realisme van Courbet was deze kunstenaars bekend, maar Willink verwoordde treffend het verschil, toen hij over de magisch realisten sprak: 'Onze manier van kijken is *de confrontatie met de nooit geruststellende, nooit geheel kenbare verschijningswereld*'.[13]

Hoewel de thematiek van de magisch realisten sterk verschilt, werd hun werk in de jaren dertig gezien als een uiting van de dreiging van het opkomend nationaal-socialisme en van de angst voor de ondergang van de westerse beschaving in het algemeen.[14] Koch schilderde geheimzinnige, donkere ruimtes en vrouwen aan de zelfkant van het leven verbeeld in een hard indringend realisme. Hynckes is vooral bekend van zijn sombere, duistere en enigszins dreigende vanitas-stillevens, terwijl Willinks landschappen, donkere luchten en vervreemdende klassieke gebouwen een beeld van doem en onheil oproepen. (zie pagina 10)

De kunsthistoricus Jaffé zei over de magisch realisten: 'De speurzin van de realist uit die tijd is niet de kijk van de onbevangen ontdekker, maar de overgevoeligheid van de eenzame wandelaar in een vijandige omgeving'.[15]

De schilderijen van Wim Schumacher, Dick Ket en Johan Mekkink stralen niet de sfeer van doem en onheil uit, maar zijn juist ingetogen, evenwichtig en met grote precisie geschilderd. Dick Ket sprak destijds over zichzelf als 'de martelaar van het marterhaar', verwijzend naar de eenharige penselen die hij voor zijn schilderijen gebruikte. Charley Toorops schilderijen worden daarentegen gekenmerkt door een sterke lijnvoering en een krachtige licht-donker werking, waarmee zij het realisme ondergeschikt maakt aan haar expressiviteit.

Ook in die tijd werden de fotografie en de realistische schilderkunst met elkaar vergeleken. Dick Ket bijvoorbeeld trachtte nadrukkelijk de werkelijkheid weer te geven zonder een fotografisch realisme na te streven: '(...) toch zal je ontevreden zijn als je het afbeeldt zoals het er staat, als ware het een foto...'[16] (zie pagina 12)

Het werk van Hynckes werd vergeleken met de 'nieuwe fotografie', een beweging die met extreme standpunten scherpere en meer gedetailleerde opnamen maakte dan voorheen in de impressionistische fotografie gebruikelijk was.[17] Vooral zijn weergave van de 'huid' der dingen werd door critici in die tijd bewonderd.

Nog twee aparte stromingen binnen het realisme dienen hier vermeld te worden. Het sociaal realisme, zoals dat vanaf de jaren dertig in de Sovjet Unie ten dienste stond van de communistische ideologie en het nationaal-socialistisch realisme, dat vanaf 1933 door Hitler werd gepropageerd als kunst in dienst van de nationaal-socialistische partij.

Het vervolg en een nieuw begin

Doordat de Nazi's moderne kunstvormen als 'entartet' verboden, massaal moderne kunst vernietigden en een heroïsch realisme als enig aanvaardbare kunstvorm accepteerden, was na de oorlog het realisme een beladen begrip geworden. Het werd geassocieerd met conservatisme en slechte smaak. Bovendien had de realistische schilderkunst van voor de oorlog met zijn verstilde beelden en verhulde symbolische boodschappen aan kracht en betekenis verloren na deze periode van massale vernietiging en terreur.

In Nederland zochten kunstenaars dan ook naar nieuwe wegen om zich te uiten.

Er waaide een idealistische wind in kunstkringen en kunstenaars voelden de noodzaak nieuwe verenigingen op te richten die niet 'besmet' waren door hun toetreden tot de Cultuurkamer tijdens de oorlog. Zij richtten zich vooral op de abstracte kunst, omdat deze de verbeelding van de kunstenaar en de toeschouwer alle ruimte gaf: zij werd gezien als de kunst van de vrijheid. Zuivere figuratie werd daarentegen als een beperking gezien van de artistieke vrijheid.

Om de abstracte kunst als kunst van de toekomst meer te kunnen stimuleren richtten Willy Broers (1905-1978), Ger Gerrits (1893-1965), Frieda Hunziker (1908-1966) en Harry van Kruiningen (1906-1996) met anderen in 1947 de groep Vrij Beelden op, die teruggreep op de avant-gardisten van voor de oorlog, zoals van Wassily Kandinsky (1866-1944), Paul Klee (1879-1940) en Juan Miró. De groep maakte echter vrij heterogeen werk, zowel

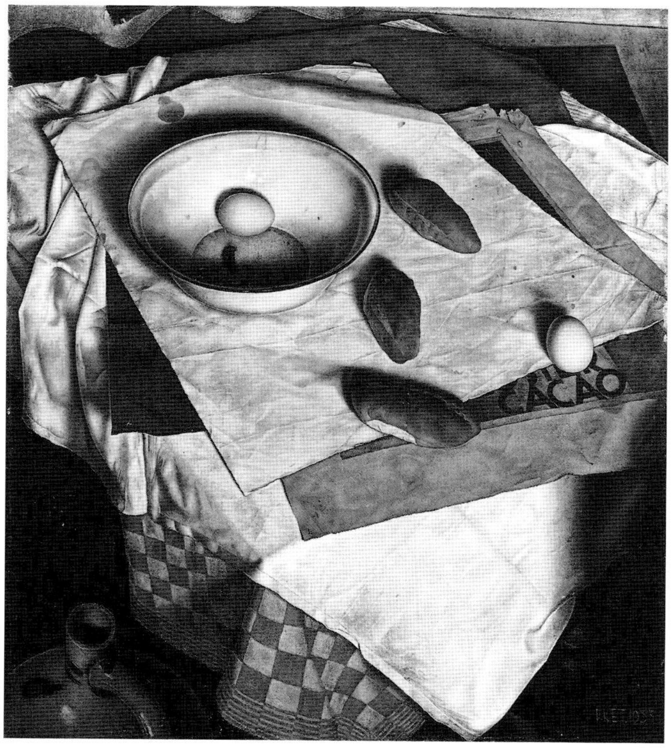

Dick Ket (1902-1940)
Stilleven met broodjes, 1933
olieverf op doek, 69,5 x 61 cm
Collectie Haags Gemeentemuseum, Den Haag

Theo Kurpershoek (1914-1998)
De boot, interieur, 1951
olieverf op doek, 105 x 77 cm
Particuliere collectie

expressionistisch, surrealistisch en kubistisch als abstract. Wegens interne meningsverschillen, richtten Willy Broers en Ger Gerrits in 1950 een nieuwe vereniging op, die uitsluitend de abstracte kunst voor stond: Creatie, Vereniging tot bevordering van de absolute kunst. Het was in Nederland de eerste kunstenaarsvereniging die zich volledig inzette voor de abstracte kunst. 'De abstracte kunst werd opgevat als een wereldtaal en net als in het geval van Esperanto geloofde men dat daarmee de broederschap tussen de mensen bevorderd zou kunnen worden. Abstracte kunst moest volkeren verenigen die voorheen hadden gestreden'.[18] De vereniging nam duidelijk afstand van de cobra-groep, die de zuivere abstractie afwees.

Cobra werd in 1948 door enkele kunstenaars, waaronder Karel Appel (1921), Constant (1920) en Corneille (1922) met vakbroeders uit België en Denemarken, opgericht. De beweging streefde spontaniteit, vitaliteit en directheid in hun schilderkunst na. Dat was het beste te bereiken door de ratio uit te schakelen. De cobra-kunstenaars probeerden zich zoals kinderen, geesteszieken of mensen uit 'primitieve' culturen direct vanuit het onderbewuste te uiten. Voor deze kunstenaars leidde het scheppingsproces, de wisselwerking tussen de materie (verf en doek), de kunstenaar en zijn gereedschap tot het resultaat[19]. De voorstelling lag in de materie zelf; herkenbaarheid werd niet nagestreefd. Het ging slechts om de ervaring, de emoties die het werk opriepen. In die zin was Cobra een terugkeer naar het expressionisme, maar in een nieuwe gedaante.[20]

Ondanks de opkomst van deze nieuwe bewegingen in de Nederlandse schilder- en beeldhouwkunst bleef een groep schilders in de realistische traditie werken. Deze verzette zich openlijk tegen de verwerping van het realisme door collega's die het modernisme voorstonden. Een vooraanstaande rol hierbij speelde Willem Sandberg (1897-1984), toenmalig directeur van het Stedelijk Museum te Amsterdam. Deze had meer belangstelling voor de nieuwste ontwikkelingen in de kunst, zoals voor het werk van de cobra-groep, dan voor de figuratieve schilders. Carel Willink was één van de kunstenaars die zich openlijk tegen deze tendens uitsprak.[21]

Van de jongere generatie kunstenaars waren het drie Amsterdammers, Nicolaas Wijnberg (1918), Theo Kurpershoek (1914-1998) en Hans van Norden (1915), die zich organiseerden en met gelijkgezinde collega's begin 1948 in de Rotterdamse Kunststichting onder de titel Zeven Amsterdamse Schilders exposeerden. Later in datzelfde jaar volgde een tentoonstelling bij de Amsterdamse Kunsthandel Frans Buffa en Zonen, waarbij de kunstenaars zich presenteerden als de Realisten.

De Realisten streefden naar: 'De herkenbaarheid van de voorstelling als enig middel tot direct menselijk contact tussen kunstwerk en beschouwer'.[22] Zij beriepen zich daarbij op de erfenis van Courbet en definieerden hun realisme als 'aanwezig te kunnen zijn met kunst van deze tijd, die de werkelijkheid op een herkenbare wijze tot uitgangspunt heeft'.[23] (zie hiernaast)

Zij eisten met manifesten, kranten, affiches, discussies en protesten een plek op binnen de kunsthandel, de kunstopdrachten en de musea, die zich naar hun mening niet baseerden op basis van kwaliteit en originaliteit, maar op basis van kunstpolitieke correctheid. 'Ons protest richtte zich eigenlijk niet tegen de abstractie en de experimentelen als zodanig, dat moest tenslotte iedereen maar voor zichzelf uitmaken, maar wij wilden óók de ons toekomende ruimte krijgen voor *onze* visie en *onze* werken', aldus Nicolaas Wijnberg.[24]

De Realisten waren - evenals hun collega's van de Haagse groep Verve, waarover zo meer - sociaal bewuste kunstenaars, die hun werk in dienst wilden stellen van de gemeenschap. Zij hingen de idee aan, dat kunst overal in het maatschappelijk leven ingezet moest worden. Kunst moest samengaan met architectuur en toegepaste kunst tot een 'Gesamtkunstwerk'. Velen van hen maakten dan ook naast schilder- en/of beeldhouwwerk wandschilderingen in openbare gebouwen en scholen, wandtapijten, glas-in-lood ramen, kunst geïntegreerd in het gebouw, theaterdecors, kostuums, keramiek etc.

Rondom de drie initiatiefnemers formeerde zich per toonstelling, die jaarlijks werd gehouden, een steeds wisselende groep kunstenaars, waaronder Herbert Fiedler (1891-1962), Lex Horn (1916-1968), Piet Damsté (1910-1995), Jan Groenestein (1919-1971) en de Hagenaars Jan van Heel (1893-1990), Kees Andréa (1914) en Hermanus Berserik (1921). Hun werk varieerde van het impressionisme van Theo Kurpershoek, het expressionisme van Fiedler tot het fantastische van Berserik, Andréa en Wijnberg.

Hoogtepunt was de internationale tentoonstelling Realisten uit zeven landen in het Stedelijk Museum in Amsterdam in 1951. Kunstenaars uit diverse Europese landen en Amerika waren op deze expositie vertegenwoordigd. Met deze tentoonstelling in hun favoriete museum kregen zij eindelijk de erkenning, waarnaar zij al die jaren hadden gestreefd.

Hoewel de groep nog wel bleef exposeren, verloor zij geleidelijk aan vitaliteit. Wel werd als uitvloeisel hiervan in 1965 een nieuw initiatief gelanceerd door Wijberg, Van Norden en Harry op de Laak (1925) om een kunsthandel uitsluitend voor figuratieve kunst op de N.Z. Voorburgwal in Amsterdam te openen. In Kabinet Floret, zoals de kunsthandel heette, werd werk getoond van onder andere Wijnberg, Van Norden, Op de Laak, Willink, Johannes Moesman (1909-1988), Jan Beutener (1932), Co Westerik (1924), Herman Gordijn (1932), Kees en Pat (1942) Andréa, Aat Verhoog (1933) en Matthijs Röling (1943).

Niet alleen in Amsterdam, ook in Den Haag, toen de tweede kunststad van Nederland, waren figuratief werkende schilders en beeldhouwers actief, die hun plek op het kunstpodium opeisten.

In 1951 namen Theo Bitter (1916-1994), Nol Kroes (1918-1996) en Frans de Wit (1901-1981) namens de kunstenaarsverenigingen Pulchri Studio en de Haagse Kunstkring het initiatief om een nieuwe kunstenaarsgroep op te richten: Verve. Zij zochten kunstenaars, waarmee 'wij ons geestelijk verbonden voelen'.[25] Volgens Hermanus Berserik was Verve een 'vergaarbak van vreemde vogels'.[26] Bekende leden waren onder andere Kees Andréa, Frans Vollmer (1913-1961), Jan van Heel, Berserik, Rein Drayer (1899-1986) en de Amsterdammer Wijnberg.

De doelstellingen van de groep waren ruim geformuleerd. Men wilde gezamenlijk naar buiten treden en door het werk en persoonlijk contact verschillende bevolkingsgroepen bereiken en beïnvloeden. Er sprak een sociaal engagement uit en een verlangen om naar de toekomst te kijken en mee te werken aan de wederopbouw. De Verve-leden hielden onder de enthousiaste inzet van Van Heel discussie-avonden over moderne kunst met mensen uit alle lagen van de bevolking. Zij probeerden mensen gevoelig te maken voor de moderne vormentaal, ook als die de realiteit niet altijd exact weergaf. (zie pagina 14)

De eerste groepstentoonstelling was in 1951 en vele volgden daarna in binnen- en buitenland. Met een expositie in 1954 in het Stedelijk Museum in Amsterdam werd onvermijdelijk een vergelijking getrokken tussen het kunstklimaat in Amsterdam en Den Haag. Dit ontbrandde in een strijd die nog jaren lang zou duren. De kunstcriticus Hans Redeker gaf in een reactie op de tentoonstelling in het Stedelijk Museum Den Haag het voordeel van de twijfel. Ondanks de verschillen in stijl en thematiek was er volgens Redeker toch sprake van een 'onmiskenbaar eigen karakter' van de groep, zij het van een 'betoomd élan' en van het 'juiste milieu'.[27]

De groep viel in 1957 uiteen toen nieuwe leden zich steeds meer op de abstracte kunst richtten.

Figuratie noch Abstractie

Groepen figuratief en abstract werkende kunstenaars deden van zich spreken en verdwenen weer binnen enkele jaren. Cobra en Vrij Beelden stierven in de loop van de jaren vijftig een zachte dood en kunstenaars kozen nieuwe wegen, individueel of in nieuwe formaties. Zo gingen de groepen Vrij Beelden, de Experimentele Groep en Groep 54 (voorheen Creatie, een abstract werkende groep kunstenaars die een verband legden met muziek) in 1955 op in de Liga Nieuwe Beelden. Dit was een samenwerkingsverband tussen architecten en kunstenaars. Nieuw Beelden werd de vereniging, waarbij de meeste modernistisch werkende kunstenaars zich aansloten. In 1968 werd de vereniging opgeheven, onder andere wegens zijn enorme aantal leden.[28]

In navolging van kunstenaars in Frankrijk en Duitsland legde Bram Bogart (1921) in Nederland de basis voor de informele materieschilderkunst, die de grens tussen kunst en natuur wilde doorbreken door elementen uit de werkelijkheid (zand, gips, kunststoffen, textiel e.d.) met verf te mengen en dit op het schildersdoek aan te brengen. In 1959 waren vijf kunstenaars lid van de Informele Groep: Armando (1929), Kees van Bohemen (1928-1985), Henk Peeters (1925), Jan Hendrikse (1937) en Jan Schoonhoven (1914-1994). Bram Bogart had zich inmiddels teruggetrokken. Henk Peeters verwoordde hun gedachten aldus: 'Wij proberen onze eigen tijd te zien en zichtbaar te maken!' En Armando: 'Voor het eerst in de kunstgeschiedenis levert de kunstenaar geen commentaar op de werkelijkheid'.[29] Hij interpreteert niet. Hij aanvaardt de werkelijkheid, zoals die zich voordoet. De kunstenaar is geen kunstenaar meer, maar een koel zakelijk oog. De Informele Groep verwierp radicaal het idee dat kunst de uiting was van een persoonlijke ervaring van de kunstenaar.

In 1960 hief de Informele Groep zich op en ging over in de Nulgroep. De naam Nul was ontleend aan de Duitse groep Zero, die op zoek was naar het wezen van de kunst na al het oorlogsgeweld en de heropleving van allerlei kunststromingen. De aard en de functie van de kunst werd door hen ter discussie gesteld. 'Het aanvaarden van de dingen zoals ze zijn en ze niet veranderen om persoonlijke redenen, slechts veranderingen aanbrengen indien noodzakelijk om de realiteit op meer intensieve wijze te laten zien.'[30]

De Nul-kunstenaars brachten dit streven in praktijk door fragmenten uit de realiteit 'te isoleren en annexeren'.[31] Gebruikte Armando industriële objecten in zijn werk en creëerde daarmee op een zo objectief mogelijke wijze een schilderij, Jan Hendrikse assembleerde niet alleen kurken, munten en bierflesjes, maar ging zo ver dat hij de realiteit tot kunst verhief door bijvoorbeeld een brug in Düsseldorf te signeren. Met de toepassing van objecten uit het dagelijkse leven zette Hendrikse al een stap naar het nieuw realisme.

Jan van Heel (1893-1990)
Pruikenkast, 1954
olieverf op doek, 100 x 70 cm
Kunstcollectie Promenade Hotel, Den Haag

Co Westerik (1924)
Visvrouw, 1951
olieverf op doek, 87 x 110 cm
collectie Instituut Collectie Nederland

Los van iedere trend

De bewegingen in de moderne kunst kunnen opgevat worden als een permanent proces van vernieuwing, niet alleen binnen de kunst, maar ook ten opzichte van de samenleving, die zelf ook sterk gekenmerkt werd door vernieuwingsdrang onder invloed van een mondiale economische expansie.

Parallel aan deze ontwikkelingen zijn er steeds binnen de Nederlandse kunst stromingen geweest van figuratief werkende kunstenaars, die zich weinig gelegen lieten liggen aan deze elkaar snel afwisselende trends.

De realisten en Verve zijn reeds genoemd, maar zij onderscheidden zich van de hieronder beschreven groepen, doordat zij zich strijdbaar opstelden tegenover de modernisten en alle aandacht die dezen kregen uit kunstkringen, en net als hen een tamelijk kort leven beschoren waren.

Reeds in 1945 was door Kees Verwey (1900-1995) en Otto B. de Kat (1907-1995) de Hollandse Aquarellistenkring opgericht met als doel 'den bloei van de Nederlandsche aquarelleerkunst te bevorderen'. Traditionele genres werden weer gehanteerd, zoals het landschap, het stilleven en het portret.

Als nieuwe kunstenaarsvereniging van direct na de oorlog kreeg de kring enkele jaren de gelegenheid om te exposeren in het Stedelijk Museum te Amsterdam. Naast genoemde kunstenaars behoorden Charles Roelofsz (1897-1962) en Fiedler tot de deelnemers van het eerste uur. In korte tijd sloten zich andere kunstenaars bij de vereniging aan, waaronder Andréa, Rudy Bierman (1921-1972), Friso ten Holt (1921), Clara de Jong (1928), Paul Hugo ten Hoopen (1927), Dora Esser (1917-1995) en Wil den Ouden (1928). De kring bestaat nog steeds en vierde enkele jaren geleden zijn vijftigjarig bestaan.

De kring voer in de jaren zestig een tamelijk behoudende koers, sterk gericht op de figuratie, maar in de jaren zeventig werden kunstenaars toegelaten die meer conceptueel werkten, terwijl in de jaren daarna vooral weer het métier zelf, de traditie en de techniek centraal bleven staan. 'De Aquarellistenkring ontsnapte aan de mode van de dag'.[32] Hans Redeker schreef: 'levender dan het dogmatisch abstracte brengt de aquarel het elementaire en de verstilling, de klank die zuiver, helder en sober klinkt'.[33]

Met name in de jaren vijftig en zestig, toen de strijd tussen de meer behoudende kunstenaars en de modernen het hevigst was, kozen de leden van de kring, evenals kunstenaars als Mari Andriessen (1897-1979), Charlotte van Pallandt (1898-1997), Piet Esser (1914), Bertus Sondaar (1904-1984) en Han Wezelaar (1901-1984), verenigd in de Nederlandse Kring van Beeldhouwers, bewust voor een ambachtelijke benadering van hun beroep in de figuratieve traditie. Zij wilden niet breken met het verleden, maar juist de continuïteit van de geschiedenis verbeelden. 'Zij vormen, met de kring van beeldhouwers, het forum van de figuratieve kunst', aldus de criticus Freek van den Berg.[34]

De meeste van deze kunstenaars waren opgeleid aan de Rijksacademie in Amsterdam die na de oorlog een behoudende koers was blijven varen en geen hedendaagse kunst doceerde. Leerlingen kregen aan de academie les van gerenommeerde kunstenaars die vooraanstaande functies hadden bekleed, Nederland vertegenwoordigd op diverse Biënnales en talloze kunstprijzen gewonnen. Esser was hoogleraar beeldhouwen, De Kat hoogleraar schilderkunst en Op de Laak hoogleraar monumentale kunst, terwijl onder anderen Jan Wiegers (1893-1959), Theresia van der Pant (1924) en Paul Grégoire (1915-1988) eveneens aan dezelfde academie verbonden waren.

De controverse tussen de modernen en de traditionelen

bereikte een hoogtepunt met de bezettingsactie in de aula van het Rijksacademiegebouw in 1968 door de Beroepsvereniging van Beeldende Kunstenaars (BBK). Geleidelijk veranderde de koers van de academie daarna tot een meer moderne.

Van deze groep kunstenaars rond de Rijksakademie is door de verzamelaarster Henriette Polak een collectie opgebouwd, die begin jaren zeventig als museumcollectie aan haar geboortestad Zutphen is geschonken.[35]

Naast groepen en bewegingen van kunstenaars zijn er ook altijd enkelingen, die niet tot enige stroming of stijl behoren. Co Westerik kan beschouwd worden als een permanente vertegenwoordiger van het nederlands realisme van na de oorlog. Met zijn indringende voorstellingen bewerkstelligd door uitvergrotingen en close-ups verbeeldt hij algemene thema's als leven en dood, eenzaamheid en agressie.

De mens is het centrale thema in Westeriks werk. Het gaat om de mens in verhouding tot de ander en de wereld om hem heen. Uitgangspunt voor de kunstenaar is dan ook de werkelijkheid zoals hij die ziet, ervaart, ruikt en meemaakt.

Westerik neemt een geheel eigen plaats in binnen de Nederlandse teken- en schilderkunst. Zijn oeuvre vertoont een grote consistentie, zowel in de terugkeer van thema's, als in het gebruik van beeldmiddelen.

Westeriks werk deed in 1951 veel stof opwaaien, toen de schilder werd geëerd met de Jacob Marisprijs voor de schilderkunst voor zijn schilderij *Visvrouw*, 1951. (zie pagina 14) Enerzijds werd zijn figuratie door de modernen niet gewaardeerd, anderzijds was blijkbaar dit soort 'afstandelijk' realisme, dat nog elementen van het magisch realisme van voor de oorlog in zich draagt, te schokkend voor het publiek uit die tijd.

Zijn stijl en thematiek zijn zo breed herkenbaar dat hij in de jaren vijftig en zestig bij diverse kunstenaarsgroepen werd ingedeeld. Zoals hij het zelf verwoordde: 'Zo gauw er weer een nieuwe richting kwam, werd er gezegd: daar past Westerik precies in (...). Ik heb altijd zo kunnen doorlopen'.[36]

Westerik nam deel aan de expositie van Verve in 1951, van de Nieuwe Realisten in 1964 en vanaf 1952 tot 1966 aan diverse Contour-exposities in het museum Het Prinsenhof in Delft. Op deze tentoonstellingen werd hedendaags werk getoond. Zij werden elk jaar onder een andere thema samengesteld, zoals het expressionisme, het nieuw realisme, droombeelden en groteske en surreële beelden.[37] Westerik viel onder al deze categorieën.

Van de kunstenaars wier werk in de Kunsthal Rotterdam geëxposeerd wordt, moeten Hermanus Berserik, Herman Gordijn en Jan van Tongeren eveneens genoemd worden. Van Tongerens vroegste werk dateert uit de late jaren dertig. In de naoorlogse jaren ontwikkelde hij zich tot een schilder met een eigen herkenbare stijl, waarin hij stillevenobjecten vanuit een abstracte vormopvatting weergaf. (zie verder p. 137) In 1947 merkte de criticus Huygens op: 'Hij schaart zich blijkbaar onder de jongeren die de terugkeer tot de gebondenheid aan de vorm willen verenigen met een stabiel kleurgevoel en met een verinnerlijkte opvatting der dingen, die aan hun onderwerpen een zeker romantisch aspect verleent (...).'[38]

Berserik had zijn eerste grote solotentoonstelling in Den Haag in 1947 en in 1952 ontving hij de Jacob Marisprijs voor grafiek voor zijn ets *Zwangere Vrouw*, 1949. Eind jaren vijftig ontwikkelde hij zijn huidige stijl, waarin hij een fantastisch realisme combineert met naïeve elementen tot veelal surreële voorstellingen. (zie verder p. 29) Ook hij nam deel aan diverse Contour-tentoonstellingen.

Herman Gordijns vroegste werken dateren uit het midden van de jaren vijftig. Evenals Van Tongeren en Berserik hanteerde hij een uitgewerkt realisme. Hij schilderde onder andere voorstellingen van grote en indrukwekkende vrouwen aan de zelfkant van het leven. (zie verder pag. 55)

Met name de laatste drie genoemde schilders hebben vast gehouden, ondanks hun verschil in thematiek en uitdrukkingswijze, aan een realistische wijze van werken, waarin zij op het doek delen tot in détail schilderden en delen onuitgewerkt lieten.

Nieuwe vormen van realisme

De bewegingen binnen de moderne kunst omvatten niet alleen abstract werkende kunstenaars. Cobra kan daar bijvoorbeeld al niet toe gerekend worden. Figuratie binnen de moderne kunst werd wel naar de achtergrond gedrongen, maar trad in de jaren zestig weer naar voren in de vorm van het Nieuw Realisme.

Het Nieuw Realisme maakte deel uit van een brede internationale beweging die in Frankrijk onder de naam Nouveau Réalisme en in Amerika en Engeland onder de naam Pop-Art bekend werd. De Amerikaanse Pop-Art met Andy Warhol als bekendste exponent tartte alle artistieke en esthetische tradities en gebruikte alledaagse, figuratieve en dus voor de mensen herkenbare motieven uit de consumptiemaatschappij, die op een geheel onpersoonlijke wijze werden samengesteld. Bekend zijn Warhols installaties en schilderijen van Campbell-soepblikken en Brillo-dozen. Niet de werkelijkheid zelf, maar zoals die op ons overkomt via de media, wilde hij uitdrukken. Kunst is slechts een illusie. Alles kan tot kunst omgevormd worden.

Twee exposities, beide georganiseerd in 1964, de Nieuwe Realisten in het Gemeentemuseum te Den Haag en American Pop-Art in het Stedelijk Museum te Amsterdam, bewerkstelligden een definitieve doorbraak van de nieuwe tijdgeest in de Nederlandse kunst.

Ook hier vond de Pop-Art zijn aanhangers. Woody van Amen (1936) en Gustave Asselbergs (1938-1967) bijvoorbeeld maakten assemblages van aan de realiteit ontnomen beeldelementen, zoals foto's uit kranten, kauwgompapiertjes, neon, objecten van plastic en perspex e.d., veelal gecombineerd met geschilderde vlakken. Ook Daan van Golden (1936) wordt vaak tot deze stroming gerekend. Hij was vooral geboeid door de objecten uit de realiteit en de weergave ervan. Stukken behang, een theedoek of een zakdoek werden exact nageschilderd.

Van Golden vertoont hiermee ook sterke verwantschap met het fotorealisme. Het fotorealisme werd in Nederland vooraf gegaan met een expositie in het Van Abbemuseum te Eindhoven in 1972 onder de naam Relativerend Realisme. Het relativerende is gelegen in het feit dat de zichtbare werkelijkheid geen vaststaand gegeven is, maar door ieder mens anders wordt beleefd. Een realistisch schilderij is geen weergave van dè werkelijkheid, maar de weergave van de beleving van de wereld om ons heen door de kunstenaar. Juist dit laatste, de zingeving van hetgeen zij afbeeldden, wilden kunstenaars onderzoeken. Zij deden dit door voorwerpen uit de hun vertrouwde omgeving te halen en ze in een nieuwe context op het doek te plaatsen. (zie pagina 16)

Het onderwerp verbeeld in verf op doek krijgt een nieuwe context en daarbinnen een specifieke beleving. 'De afbeelding is de manifestatie van de wijze, waarop de voorhanden wereld door de mens, in casu de schilder, in bezit wordt genomen.

Jan Beutener (1932)
Aardappels, 1969
olieverf op doek, 135,5 x 110 cm
Collectie Stedelijk Museum Amsterdam

Alphons Freymuth (1940)
Tijd en ruimte, 1987
acryl op doek 200 x 180 cm
Collectie Instituut Collectie Nederland, Rijswijk

Realiteit, in zoverre zij betekenis en zin heeft, bestaat slechts door en in dit in-bezit nemen.'[39]

Het vertoont grote overeenkomsten met het fotorealisme of hyperrealisme, een beweging die eind jaren zestig uit Amerika naar Europa overwaaide. Foto's werden exact nageschilderd, maar het doel reikte verder dan alleen het naschilderen van het plaatje. 'Het concept in het foto-realisme van nu streeft het reproduceren van uiterlijke gegevens uit de werkelijkheid als doel niet na. Belangrijker is om met behulp van oog, camera en kunst het zien zelf ter discussie te stellen, (...) om de diffuse grenzen tussen illusie en werkelijkheid te bestuderen, om ons kijken uit de ban van subjectieve willekeur te bevrijden'.[40] De schilders meenden dat wij als mensen subjectief keken en dat alleen de camera de werkelijkheid objectief kon weergeven.

Verbeeld werden de vruchten van de consumptiemaatschappij: reclameborden, etalages van winkels, auto's en caravans. Op de voorstellingen ontbreken vaak mensen; we zien lege straten, etalages zonder toeschouwers, fabrieken zonder arbeiders en huizen zonder bewoners.[41]

Door de foto na te schilderen, die steeds opnieuw ter hand genomen kon worden, werd kunstenaars de gelegenheid geboden zich vooral te concentreren op het schilderen zelf. Schilderkunst wordt een verslag van het zien van de kunstenaar, het schilderen een proces van onderzoek naar wat men werkelijk ziet. Het schilderen zelf is dus ook onderwerp van onderzoek geworden. Daarin onderscheidt het zich van vroegere realismen.

In technisch opzicht keerden kunstenaars terug naar de traditionele schilderkunst van vòòr het Modernisme. Details, schaduwwerking en stofuitdrukking kregen weer betekenis en het schilderen ervan vereiste groot vakmanschap, veel geduld en een goede techniek.

In Nederland zijn met name Har Sanders (1929) en Frans Clement (1941) belangrijke vertegenwoordigers van deze stroming. Sanders schildert deuren, theedoeken, verkeersborden en andere voorwerpen na en Clement verbeeldt weinig schilderachtige objecten op straat, waar wij gewoonlijk aan voorbij lopen, zoals een fietsenrek, een lantaarnpaal, opgeklapte cafétafeltjes etc. (zie verder p. 35)

Neo-Expressionisme

Zoals reeds vermeld werd in 1964 in Den Haag een breed internationaal scala aan realismen onder de naam Nieuw Realisten in de kunst getoond, waarbij Nederland onder anderen door Karel Appel, Co Westerik, Wim T. Schippers (1942) en Ger van Elk (1941) werd vertegenwoordigd.

Voor Wim Beeren, de initiatiefnemer van de expositie, waren Francis Bacon (1909-1992) en Willem de Kooning (1904-1997) de sleutelfiguren van deze nieuwe stroming. Over Bacon zegt hij: 'Hij heeft laten zien dat men werkelijk geïnteresseerd kan blijven schilderen en zich toch verbinden met het beeld van een mens, zoals die ons kan boeien.'[42]

De schilders, die tot deze stroming gerekend worden, zijn Reinier Lucassen (1939), Alphons Freijmuth (1940), Pieter Holstein (1934) en de Vlaming Roger Raveel (1921). Zij zochten naar nieuwe wegen om zich in de traditie van het realisme te stellen, hetgeen geen gemakkelijke opgave was, nu in feite alles al geschilderd was. Door het gebruik van ironie, clichés en opzettelijk stijlloos schilderen probeerden zij deze uitdaging aan te gaan. (zie hiernaast)

Freymuth, Lucassen en Raveel kunnen gezien worden als de voorlopers van de Nieuwe Schilderkunst of Neo-Expressionisme, een internationale beweging, waartoe de Neue Wilden, de Transavanguardia, de Figuration Libre en New Image Painting gerekend kunnen worden. De traditionele ambachtelijkheid van het schilderen, zoals dat was benadrukt door de foto-realisten en de abstracte fundamentele schilders werd gecombineerd met de persoonlijke expressie op het doek. Het schilderen, het aanbrengen van verf op doek, èn de figuratie in de voorstelling stonden weer centraal bij deze kunstenaars. De techniek van de nieuwe schilders varieerde van een heftige, spontane verfopbreng tot een meer nauwgezette ambachtelijke aanpak.

Uiteraard was er weinig 'nieuws' aan de Nieuwe Schilderkunst, aangezien talloze kunstenaars, ook moderne zoals Willem de Kooning, Balthus (1910-2001) en Francis Bacon, altijd echte schilders zijn gebleven. Het begrip kan echter gezien worden als een reactie op een algemene trend in de jaren zeventig, die het schilderen had 'dood' verklaard of deze in ieder geval als conservatief beschouwde.

De nieuwe schilders geloofden niet meer in universele waarden, maar alleen nog in hun eigen belevingswereld, het verbeelden van hun persoonlijke ervaringen. Zij maakten overdadig gebruik van willekeurige motieven die ze uit de reclame, (kunst)geschiedenis en eigen omgeving haalden. De hele kunstgeschiedenis werd een onuitputtelijke bron, waaruit naar believen geciteerd kon worden: 'een groot collectief geheugen, kraakbaar als een oud huis, waaruit bij gebrek aan eigen herinneringen, uit ieders herinnering geput kan worden'.[43] Ook de stijlen werden naar believen gebruikt en met elkaar gecombineerd tot een expressieve voorstelling.

Een goed voorbeeld is het werk van de Duitse schilder Anselm Kiefer (1945) die met vuistdikke materieschilderijen met voorstellingen ontleend aan het zo beladen Duitse verleden, heftige emoties opriep.

In Nederland waren het Hans van Hoek (1947) en René Daniëls (1950) die als eerste bekendheid kregen. Van Hoek stelde compositie, vernieuwing en kleurgebruik weer centraal en riep daarmee poëtische beelden op. Door het bestuderen van het werk van oude meesters en het werken naar de natuur maakte hij zich de techniek van het fijne schilderen meester. Hij kan beschouwd worden als één van de belangrijkste vertegenwoordigers van de ambachtelijke kant van het nieuwe schilderen.[44]

In het werk van Van Hoek moeten zijn ornamentale lijsten worden betrokken, die het traditionele in de voorstelling versterken. Ook René Daniëls schiep poëtische beelden met een schilderstaal, die deels abstract, deels figuratief is.

Andere Nederlandse neo-expressieve schilders zijn onder anderen Erik Andriesse (1957), Elisabeth de Vaal (1950), Marlene Dumas (1954), Marian Plug (1937), Rob Scholte (1959), Marc Mulders (1958) en Philip Akkerman (1957), die ondanks hun verschillen in stijl en thematiek het expressieve element delen.

De *hype* van het nieuwe schilderen duurde slechts enkele jaren. Een volgende ontwikkeling was die van een 'nieuwe' vorm van realisme. Gebruikten de neo-expressionisten abstracte elementen in hun werk, schilders lieten deze nu helemaal weg en begonnen weer landschappen, portretten en stillevens te schilderen. After Nature was de beweging die een romantische terugkeer naar de zichtbare werkelijkheid voorstond.

Deze schilders probeerden met oude genres en motieven nieuwe gezichtspunten aan te dragen op het moderne leven en de hedendaagse kunst. Schilders als Marc Mulders en Siert Dallinga (1954) zetten vraagtekens bij het vooruitgangsdenken van de moderne kunst en streefden naar een zuivere en oprechte betekenis van hun werk. 'Wat deze kunstenaars met elkaar gemeen hebben is een zelfde idealistisch streven, waarbij men zich (...) bewust distantieert van de vernieuwing om de vernieuwing'.[45] Hun blik op de wereld is sceptisch en vaak zijn hun thema's gewijd aan het tragische in de mens. Zij zoeken een schilderkunst die zich weet te handhaven temidden van de overdaad aan beelden die ons dagelijks overspoelt en onze hang naar snel en gemakkelijk amusement. 'Ze willen geen nieuwe kunst, maar één die aansluit bij de grote schilderkunstige traditie en een kunst die ruimte biedt aan klassieke thema's, aan scènes van passie, aan de diepte van hemel en hel'.[46] (zie pagina 18)

De tweede helft van de jaren negentig laat een ontwikkeling zien, waar niet meer de eigen persoon, maar de collectieve ervaring uitgangspunt is van het schilderen, waarbij het overschrijden van taboes niet geschuwd wordt. Het New Neurotic Realism, een stroming die door het Engelse reclamebureau Saatchi & Saatchi is uitgevonden, is hier een exponent van. Het 'neurotische' zou men kunnen zien in de thema's die deze schilders aansnijden en die in onze samenleving zo vaak taboe zijn. Nederlandse kunstenaars, zoals Ronald Ophuis (1968), tonen werk waar men liever niet naar kijkt: dood, geweld, verkrachting en de zelfkant van de samenleving zijn onder andere zijn thema's. Daarentegen gebruikt Koen Ebeling Koning (1968) de mens als figurant in zijn zuiver schilderkunstig onderzoek naar het effect van kleur en vlakverdeling.[47]

Zo mengen oude thema's in de schilderkunst zich met nieuwe.

Noordelijk Realisme

Speelde in de eerste decennia na de oorlog de Rijksacademie in Amsterdam een belangrijke rol bij de promotie van realistische kunst in Nederland, in de jaren tachtig werd deze rol overgenomen door de Academie Minerva in Groningen. De gedetailleerde figuratie en de daarvoor vereiste technische vaardigheid hebben lange tijd een prominente plaats gehad in het lesprogramma aan deze academie. Met name docenten als Matthijs Röling, Wout Muller (1946-2000), Barend Blankert, Guus Hellegers (1937) en Ger Siks (1942) hebben hierbij een belangrijke rol gespeeld.

In verzet tegen de overheersendende aandacht voor het Modernisme en de Nieuwe Figuratie werd in 1984 de Fuji Art Association opgericht, verwijzend naar de berg Fuji in Japan. Volgens de leden van de associatie ging de moderne kunst een verkeerde kant op met haar eenzijdige ontwikkeling naar een steeds grotere reductie van beeldende middelen.[48]

Deelnemers van het eerste uur waren de dichteres Fritzi ten Harmsen van der Beek (1928) en de beeldend kunstenaars Trudy Kramer (1959), Clary Mastenbroek (1947), Wout Muller en Matthijs Röling. Ook Peter Durieux, Wim Jonkman (1947), Gouke Notebomer (1947) en Karst Zwart (1936) maakten deel uit van de groep.

Zij streefden naar eerherstel van de Japanse kunst die rond 1900 in Nederland erg populair was en daarna in dit land volgens hen nooit goed uitgediept. Het ging met name om de houtsnede, die in Japan sinds het begin van de achttiende eeuw met groot vakmanschap werd gemaakt en vooral bij westerse verzamelaars geliefd was.

Daarnaast vonden de leden van de Fuji Art Association elkaar in de belangstelling voor de uitbundige decoraties uit de kring rond Gustav Klimt (1862-1918).[49] Bovendien was er een nauwe verwantschap tussen de dichters en schrijvers van de groep en de schilders, die zich uitte in schilderijen met een sterk verhalend karakter, zij het via symbolen aangegeven. Ook het ambachtelijke stond in het centrum van hun aandacht.

Theoreticus van de groep was Diederik Kraaijpoel (1928), toen tevens docent aan de academie, die met zijn publicaties de nadruk vestigde op de achtergestelde positie van het realisme en een pleidooi hield voor eerherstel van het ambachtelijk schilderen van vóór het impressionisme.[50] Deze gedachte was al eens eerder geuit door de magisch realisten in de jaren dertig en had blijkbaar zijn betekenis nog niet verloren.

Siert Dallinga (1954)
Huiswaarts, 1988
olieverf op doek, 190 x 130 cm
Collectie Instituut Collectie Nederland, Rijswijk

Het doel was de realistische kunst verder te onderzoeken en te bekijken hoe zij in onze tijd gebruikt kon worden. Volgens Matthijs Röling: 'Kunst heeft een immateriële waarde die een zekere mate van voldoening schenkt of een sensatie teweeg brengt (als hij heel goed is)'.[51]

De effecten van kleur, licht en tonen werden onderzocht. Pieter Pander, Hester Schoor (1960), Sam Drukker (1957), Mario ter Braak (1960), Peter Hartwig (1963), Frank Lisser (1959) en anderen hebben in deze traditie hun opleiding gehad. Relatief veel realistisch werkende schilders wonen in Groningen en Friesland. Er wordt dan ook wel gesproken van het Noordelijk Realisme.[52]

Met de opening van het Museum voor Figuratieve Kunst in Eelde in 1996 kwamen de noordelijke realisten landelijk via een museaal platform onder de aandacht.

De noordelijke realisten vormen slechts een beperkt deel van het aantal schilders in Nederland dat fijnrealistisch schildert. Hoewel de belangstelling van museale zijde toeneemt hebben zij vooral bekendheid en waardering gekregen via de kunsthandel.

Diverse galerieën hebben er zorg voor gedragen dat de realistische kunst een belangstellend publiek vond. Kunsthandel M.L. de Boer in Amsterdam opende als eerste in 1945 zijn deuren. Galerie Mokum in Amsterdam werd in 1962 opgericht met het doel fijnrealistische kunst te tonen. Kabinet Floret in Amsterdam volgde in 1965, maar was op een bredere groep realistische schilders georiënteerd. Galerie Lieve Hemel volgde in 1968 de voetsporen van Mokum, evenals galerie Siau. Kunsthandel Loek Brons doet sinds 1989 duidelijk van zich spreken.

Galerie Wiek XX te Groningen, opgericht in 1977, heeft in de tachtiger en negentiger jaren in Groningen de weg geëffend voor fijnrealistische kunstenaars.

De Eerste Onafhankelijke Realisten Tentoonstelling in 1998 in Venhuizen toonde werken van zo'n dertig fijnrealistisch werkende kunstenaars. Een jaar later volgt een tentoonstelling van zesendertig kunstenaars. Het Rembrandthuis in Amsterdam organiseerde in 2000 een expositie van Henk Helmantel.

Het overzicht in de Kunsthal Rotterdam is het voorlopige sluitstuk van deze ontwikkeling.

Fijnrealisme

Deze groep heb ik ter onderscheiding van andere realismen fijnrealisten genoemd. Zij behoort niet werkelijk tot een kunsthistorisch erkende stroming. In feite kunnen we niet eens over een groep spreken. Daarvoor zijn de thema's en schilderwijzen te divers. Zoals hierboven opgemerkt, varieert het werk van de hier geselecteerde schilders van zeer gedetailleerd, geschilderd met klein penseel tot veel vrijer, aangebracht met kwast en paletmes. Wat deze schilders onderscheidt van de modernistische schilders is dat de voorstellingen in het algemeen weinig tot geen ruimte laten voor een andere interpretatie dan wat geschilderd is. We herkennen een steen als een steen, een groen veld als een weiland of een grasveld etc. Het perspectief is meestal correct, de kleurtoepassing natuurgetrouw. De toeschouwer heeft nauwelijks ruimte voor een eigen visuele interpretatie die de verbeelding aan het werk zet. Vervreemdende effecten, zoals bijvoorbeeld toegepast door Kenne Grégoire of Gerrie Wachtmeester, brengen de toeschouwer hoogstens aan het denken of zij dingen wel in juist perspectief zien, niet zozeer over wàt ze zien.

Het is met name dit aspect dat bij liefhebbers van moderne kunst veel weerstand oproept. Het zou te schools, te 'af' zijn, geen uitdaging betekenen voor de fantasie van de toeschouwer; immers alles is al aanwezig op het doek. Het wordt gezien als een teruggrijpen op de tradities; ambacht prevaleert boven artistieke kwaliteit. Kunstcritica Sandra Smallenburg beoordeelde het werk van Matthijs Röling enkele jaren geleden in dergelijke termen: 'Het werk van Matthijs Röling is van een andere tijd, een tijd waarin techniek er nog toe deed, maar ook een tijd die voorbij is. Zijn schilderijen hebben geen enkel raakvlak met het terrein waarop de hedendaagse kunst zich op dit moment begeeft'.[53]

Smallenburg heeft in die zin gelijk, dat bij deze schilders in hun werk betrokkenheid bij hedendaagse maatschappelijke en schilderkunstige ontwikkelingen ontbreekt. Hun thematiek komt voort uit persoonlijke belangstelling, betrokkenheid bij het onderwerp en het vakmanschap en betreft algemene en menselijke thema's als liefde, ouder worden, dood, agressie, rust, harmonie, plezier, verwondering etc.

Veel fijnrealisten werken met vaste thema's die zij in talloze variaties verbeelden. Frans Stuurman schildert trams, treinen en tramremises; Joke Frima planten en stillevens, Willem van Veldhuizen interieurs van musea, Henk Helmantel en Jan van Tongeren stillevens en Peter Durieux Franse landschappen, om enkele voorbeelden te noemen. Door variatie in de geschilderde objecten, in invalshoeken en kleurgebruik, krijgt ieder werk een eigen karakter.

Dat de weergave van steeds dezelfde thema's in steeds nieuwe gedaantes interessant blijft, verwoordde Otto B. de Kat, behorende tot de groep rond de Rijksacademie, aldus: 'Verre van te geloven dat dit gebied (de expressieve vormgeving der visueel waarneembare wereld) van 'het zien van het perceptieve leven' (...) door de eeuwen heen uitputtend zou behandeld zijn in de beeldende kunst, menen deze kunstenaars dat in deze 'waarneembare wereld' altijd nieuw te ontginnen gebieden zijn te ontdekken, daar de wisselwerking tussen waarnemer en het waargenomen object, steeds afwijkend van het voorgaande, dus, wezenlijk nieuw in z'n gerealiseerde verschijningsvorm zal zijn.'[54]

In de moderne kunst, die sterk gekenmerkt wordt door het vooruitgangsdenken en de vernieuwingsdrang van de twintigste eeuw, wordt de kwaliteit van het oeuvre van een kunstenaar naast compositie en kleurgebruik mede beoordeeld door de ontwikkelingen die binnen zijn oeuvre of ten opzichte van collega's te zien zijn. Is er sprake zijn van vernieuwing of verandering in stijl, thematiek of mediumgebruik in de loop der jaren?

Bij de fijnrealisten is van zo'n ontwikkeling nauwelijks sprake. Slechts in kleine nuances is dit waar te nemen. Zo schilderde Helmantel aanvankelijk stillevens, waarin de objecten in het midden van het doek gegroepeerd stonden, terwijl hij ze later over de hele breedte van de tafel verspreidt. De kwaliteit van het werk van deze schilders moet dus op andere gronden beoordeeld worden naast compositie en kleurgebruik, namelijk op technische vaardigheid, de ambachtelijkheid en variaties op het thema. Deze criteria bepalen de kwaliteit van het oeuvre en niet zozeer vernieuwende elementen.

Het technisch procédé, dat nodig is om werk tot stand te brengen, heeft tot gevolg dat het langzaam tot stand komt. Sommige kunstenaars maken maar één of twee schilderijen per jaar. Doordat zij algemene thema's in een uitgewerkte stijl verbeelden, zal men overmatige expressie, direct voortkomend uit het gemoed van de kunstenaar, in het algemeen niet in deze schilderijen waarnemen. Daarvoor zijn ze te weloverwogen geschilderd. Toch ligt het hart van de schilder diep in het werk verankerd, aangezien het met zulke toewijding, concentratie en een enorm geduld tot stand komt. De passie van de schilder is omgezet in technisch kunnen in plaats van heftige verfstreken. Een goed voorbeeld is het werk van Bernardien Sternheim. Vanuit een gepassioneerde betrokkenheid bij het onderwerp zet zij de voorstelling op het doek. Naarmate het thema fijner uitgewerkt wordt, laag na laag, treedt er een proces van verstilling, van verinnerlijking op. De innerlijke passie gaat zitten in de concentratie van het fijnschilderen.

Hoewel de fijnrealisten tot nu toe weinig bekendheid genieten, hebben zij sinds de jaren zestig een groeiende groep verzamelaars gevonden, die tegenwoordig bereid is soms aanzienlijke prijzen voor het werk te betalen. Daarnaast betreft het een kunstvorm die door een breed publiek gewaardeerd wordt om zijn herkenbare voorstelling en technisch vakmanschap.

Een vergelijking met onze kunst uit de Gouden Eeuw is hier op zijn plaats. De zeventiende-eeuwse kunst werd net als deze kunst nu gemaakt voor een markt van koopkrachtige burgers die in de Gouden Eeuw over voldoende financiële middelen beschikte om kunstwerken voor de eigen woning te kopen. Schilders specialiseerden zich in bepaalde genres, waar ze goed in waren en vulden zo een niche in de markt. Stillevens, landschappen, kroeg-scènes, portretten en historiestukken kwamen tot stand. De voorstellingen bevatten vaak symbolische boodschappen over de vergankelijkheid van het leven, ijdelheid, deugdzaamheid, gierigheid etc., algemene thema's die eeuwige geldigheidswaarde hebben in het menselijk bestaan.

De huidige fijnrealisten schilderen eveneens voor een markt van koopkrachtige kunstliefhebbers die het werk kopen voor in huis of op kantoor. Evenals drie eeuwen geleden verbeelden zij algemene thema's in herkenbare voorstellingen en is het werk bedoeld om te behagen, om rust en harmonie uit te stralen, de tevredenheid over het bestaan te bevestigen en onrust of angst te verdrijven. Voor zover er scherpe kantjes aan het werk zitten, zoals de vrouwenportretten van Theo l'Herminez of die van Herman Gordijn, dan worden deze verzacht door de nadruk op details die de hardheid van de voorstelling relativeren. Het kunstwerk als *aangenaam verpozen*, als bevestiging van de huidige status van zekerheid en welstand is dus niet specifiek van deze tijd: '(...) er bestond [in de zeventiende eeuw] - en bestaat misschien nog steeds - een symbolische relatie tussen vrijheid en welvaart als zichtbare tekens van spirituele genade enerzijds en de realistische weergave van de dingen anderzijds'.[55]

Wat in het hedendaagse fijnrealisme echter ontbreekt, is het belerende dat zo typisch is voor de zeventiende eeuw. De meeste fijnrealisten zijn wars van symboliek en schilderen de dingen zoals ze zijn. Er zitten geen dubbele bodems in. Bovendien ontbreekt hier de zelfgenoegzaamheid van rijk gevulde tafels en kostbare interieurs, die in veel zeventiende-eeuwse stillevens naar voren komt. Opvallend is dat stillevenschilders zoals Grégoire, Helmantel, Sebens en Frima juist gebruikte en versleten objecten, waar de tijd overheen is gegaan, gebruiken in hun composities.

Peter van Poppel,
Groot atelier, 1975-1980
acryl en olieverf op doek, 51,5 x 49 cm
Particuliere collectie

Een onuitputtelijk reservoir

De fijnrealisten putten uit een breed reservoir van kunsthistorische beelden en betekenissen. Zij belijden ook openlijk hun schatplichtigheid aan illustere voorgangers. Ans Markus schildert bijvoorbeeld diverse hommages aan onder andere Pablo Picasso, Amadeo Modigliani (1884-1920), Edward Munch (1863-1944), René Magritte (1898-1967) en Jean Dubuffet (1901-1985). Van Veldhuizen schildert interieurs van musea en neemt als het ware terloops een beeld of schilderij van een vroegere meester mee, zoals Michelangelo, Rietveld of Francis Bacon. Ook Peter van Poppel, Piet Sebens en Matthijs Röling verwerken nadrukkelijk herkenbare voorstellingen uit de kunstgeschiedenis, terwijl Henk Helmantels werk duidelijk gebaseerd is op het zeventiende eeuwse stilleven en de kerkinterieurs van Pieter Saenredam,

Indirect is de invloed van kunstenaars uit vroegere tijden eveneens duidelijk waarneembaar. In het werk van Gerrie Wachtmeester en Frans Stuurman herkennen we de geheimzinnige atmosfeer van de magisch realisten. Het werk van Ans Markus is met name geïnspireerd door Carel Willink. Herman Gordijn is in de harde weergave van de geschilderde vrouwen schatplichtig aan Otto Dix, terwijl Barend Blankert motieven ontleende aan Georges Seurat en Frans Clement aan de Amerikaanse fotorealisten. Willem van Veldhuizen is in het bijzonder geïnspireerd door het werk van de Amerikaan Marc Rothko en de Engelsman Peter Blake. Wat betreft het ambachtelijke in hun kunst baseren veel kunstenaars zich op de vijftiende-eeuwse meesters, zoals Jan van Eyck, Jeroen Bosch en Geertgen tot Sint Jan. Ook het fotorealisme is van grote invloed geweest op de ontwikkeling van het fijnrealisme. Met hun openlijke waardering voor de kunst uit vroeger tijden en hun traditionele wijze van schilderen bevestigen deze kunstenaars, dat ondanks de snelle maatschappelijke veranderingen er waarden en normen zijn die hun geldigheidswaarde behouden, zij het in een steeds veranderende context. Met hun werk overstijgen zij de specifieke figuratie en laten een diepere laag zien, die naar deze waarden verwijst. Het is dan ook niet verwonderlijk dat diverse kunstenaars een religieuze achtergrond hebben en hun geloof nog actief belijden.

Door personen in de schilderijen weg te laten, terwijl de voorstellingen wel bijna altijd naar menselijke aanwezigheid wijzen, kunnen kunstenaars die stap naar het algemene zetten. De aanwezigheid van mensen verstoort de rust, de stilte en de harmonie.

Theo l'Herminez en Herman Gordijn schilderen wel mensen, expliciet vrouwen. Maar hoewel zij op het eerste gezicht lelijk, soms kwaadaardig lijken, blijken de schilderijen op het tweede gezicht te gaan over trots, respect, eigenwaarde en het ouder worden.

In al hun variëteit laten deze schilders zien, dat ze iets te vertellen hebben, dat bovendien veel mensen aanspreekt.

1 Antoon Erftemeijer, *De aap van Rembrandt. Kunstenaarsanekdotes van de klassieke oudheid tot heden*, Haarlem, 2000, p.12
2 Arthur K. Wheelock jr., *Vermeer.* London, 1988, p.78
3 Ben Broos e.a., *Johannes Vermeer.* Zwolle, 1995, p.123
4 Geciteerd in Aaron Sharf, *Art and Photography*, New York, 1986, p.127
5 Aaron Sharf, op. cit., p.137
6 Aaron Sharf, op. cit., p.170
7 Tineke de Ruiter,' Foto's als schetsboek en geheugensteun', in: Rieta Bergsma, Paul Hefting, *George Hendrik Breitner. 1857-1923*, Bussum, 1994, p.188
8 Henri Matisse, 'Notes of a Painter, 1908', in: Herschel B. Chipp, *Theories of Modern Art. A source book by artists and critics.* Los Angeles, 1968, p.132
9 Giorgio de Chirico, 'Meditations of a Painter', 1912, in: Herschel B. Chipp, op. cit., p.398
10 Een goed overzicht wordt gegeven in *Les Realismes 1919-1939*, Tentoonstellingscatalogus Centre Georges Pompidou, Parijs, 1981
11 Ype Koopmans, 'Realisme in Nederland. Werkelijkheid en onwerkelijkheid', in: Carel Blotkamp e.a., *Magie en Zakelijkheid. Realistische schilderkunst in Nederland 1925-1945*, Tentoonstellingscatalogus Museum voor Moderne Kunst, Arnhem 1999, p.15-25
12 John Steen, 'Magisch Realisten en Tijdgenoten', in: Jan Brand, Kees Broos (red.), *Magisch Realisten en Tijdgenoten*, Tentoonstellingscatalogus Gemeentemuseum Arnhem, Arnhem, 1992, p.5
13 Maaike Buijs, 'Het nieuwe realisme in relatie tot het verleden en in internationale context' in: Carel Blotkamp e.a., op. cit. (zie noot 11), p.36
14 John Steen, op. cit. (zie noot 12), p.6
15 H.L.C. Jaffé, voorwoord bij: Jan van Geest, *Vijftig jaar Nederlandse realistische kunst*, Amsterdam
16 John Steen, op. cit. (zie noot 12), p.14
17 John Steen, op. cit. (zie noot 12), p.15
18 Evert van Uitert, 'Groepsgewijs op zoek naar een wereldtaal', in: Elmyra Dooren e.a., *Vrij Beelden en Creatie*, Tentoonstellingscatalogus Cobra Museum voor Moderne Kunst, Amstelveen, 1996, p.12
19 Willemijn Stokvis, *Cobra. Geschiedenis, voorspel en betekenis van een beweging in de kunst van na de tweede wereldoorlog*, Amsterdam, 1990, p.86
20 Willemijn Stokvis, op. cit., pp.252-253
21 Carel Willink, *De schilderkunst in een kritiek stadium*, Amsterdam, 1950
22 'Waarom?', *De Realist*, no.3, 1-11-1951
23 Nicolaas Wijnberg, 'De realisten toen' in: Hans Redeker, *Acnt Realisten. Visioen van het alledaagse*, Venlo, 1983, p.9
24 Nicolaas Wijnberg, *Drie Realisten Toen en Nu*, Tentoonstellingsbrochure Museum Henriette Polak, Zutphen, 1999, p.5
25 *Verve*, Tentoonstellingscatalogus Gemeentemuseum Den Haag, Den Haag, 1974, p.5
26 Roel Arkesteijn e.a., *Promenade in 't Haagse. Kunstcollectie Promenade Hotel*, Den Haag, 1996, p.22
27 Hans Redeker, 'Is Den Haag dan tòch de hoofdstad?', *Haagse Post*, 6 februari 1954
28 Isabel Brouwer, Willemijn Stokvis, 'De Kunstenaarsgroep Vrij Beelden', in: Willemijn Stokvis (red.), *De doorbraak van de moderne kunst in Nederland. Vernieuwingen na 1945*, Amsterdam, 1984, p.153
29 geciteerd in: Cor Blok, 'een kunst van grote verwachtingen', in: Sjoerd van Faassen, Hans Sleutelaar (red.), De *nieuwe stijl 1959-1966*, Amsterdam, 1989, p.109
30 Cor Blok, op. cit., p.110
31 Betty van Garrel, 'baby null en de nullo's', in: Sjoerd van Faassen, Hans Sleutelaar (red.), op. cit., zie noot 29), p.104
32 *Over de aquarellist en de aquarel. 50 jaar Hollandse Aquarellistenkring*, Amsterdam, 1995, p.9
33 Hans Redeker, 'De schone kunst van de aquarel. Aquarel Benelux toont de rijkdom van een wezenlijk-Hollandse kunstbeoefening', in *Algemeen Handelsblad*, 25 november 1953
34 Freek van den Berg, 'Goed gekozen collectie van de Hollandse Aquarellistenkring, Kunst op hoog plan in het Stedelijk Museum', *Parool*, 17 april 1962
35 Zie over het ontstaan van de collectie: Heleen Buijs en Feico Hoekstra, *Vormen van Figuratie. Figuratie en traditie in de Nederlandse beeldende kunst (1945-2000)*, Zutphen, 2000
36 Max Pam, 'Co Westerik: 'Intens is een woord waar ik erg van houd', Max Pam, *Westerik in de collectie Becht*, Tentoonstellingscatalogus Huygensmuseum Hofwijck, Voorburg, 1999, p.13
37 *Contour. Onzer Beeldende Kunsten*, Tentoonstellingscatalogi Stedelijk Museum Het Prinsenhof, Delft, 1951 t/m 1966
38 A. Huygens, Algemeen Handelsblad, 1942, geciteerd in Adriaan Venema, *Jan van Tongeren*, Amsterdam, 1977, p.54
39 J. Leering, 'Het relativerend realisme en de kwaliteit van zijn werkelijkheidsweergave', J. Leering, *Relativerend Realisme.* Tentoonstellingscatalogus Van Abbe Museum, Eindhoven, 1972, p.9
40 Wouter Kotte, 'Notities over het Amerikaans Fotorealisme' in: Wouter Kotte, *Amerikaans Fotorealisme.* Tentoonstellingscatalogus Museum Hedendaagse Kunst Utrecht, Utrecht, 1988, p.21
41 Louis K. Meisel, 'Photorealism: an unflinching look at the eighties' in: Louis K. Meisel, *Photorealism since 1980*, New York, 1993, p.11
42 Wim Beeren, *Nieuwe Realisten.* Tentoonstellingscatalogus Haags Gemeentemuseum, Den Haag, 1964, p.13
43 Frank van Burkom, "Bewogen Taferelen'. Over de schilderkunst in de jaren tachtig', *Rijksaankopen 1984*, Den Haag, 1985, p.23
44 Jeske de Bekker, 'De 'nieuwe schilderkunst", Willemijn Stokvis, Kitty Zijlmans (red.), *Vrij Spel. Nederlandse Kunst 1970-1990*, Amsterdam, 1993, p.41
45 Alied Ottevanger, 'Een schilderkunst die het opneemt tegen de filmindustrie', *Rijksaankopen 1989*, Den Haag, 1990, p.26
46 Alied Ottevanger, 'Souvenirs. Realismen in de Rijkscollectie', *Rijksaankopen 1990*, Den Haag, p.9
47 zie voor een recent overzicht: 'Dossier', *Kunstbeeld*, juni 2000, p.33-46
48 Frigo Visser, '15 Jaar Wiek XX - een kroniek' in: Hielke de Vries (red.), *Galerie Wiek XX. 1977-1992*, Groningen, 1992, p.27
49 Frigo Visser, 'De Noordelijke Figuratieven: van traditie naar trans-avantgarde' in: Ruth I. Dalinghaus, *Noorbeeld. Figuratieve kunst uit Noord-Nederland en Noordwest-Duitsland*, Tentoonstellingscatalogus Drents Museum, Assen, 1992, p.21
50 Diederik Kraaijpoel, *De Nieuwe Salon: officiële beeldende kunst na 1945*, Groningen, 1989
51 Matthijs Röling, *Over Kunst. Een preek en een parabel*, Groningen, 1978
52 Frigo Visser, 'Jonge realisten uit galerie Wiek XX' in: Frigo Visser, *Jonge realisten uit galerie Wiek XX in het Drents Museum. Spoor zoeken tussen traditie en avantgarde*, Tentoonstellingscatalogus Drents Museum, Assen, 1996, p.9-11
53 Sandra Smallenburg, 'Röling experimenteert op wanden, *NRC Handelsblad*, 12 augustus 1997
54 Otto B. de Kat, 'Inleiding', in: *Figurative Malerei aus Deutschland und die Niederlanden*, Tentoonstellingscatalogus Museum der Stadt Aachen, Aken, 1967, p.3
55 Estell Curtis Pennington, 'Wat Nathanael zag', in: Sacha Tanja e.a., *De ING-collectie, een selectie*, Amsterdam, 1998, p.13

Hermanus Berserik (1921)

'Ik zou willen zeggen dat er zoveel angstvallig vooruit wordt gekeken, dat het best aardig is om dat dan maar niet te doen. Nieuw is niet altijd beter dan oud.'

Hermanus Berserik behoort tot de groep Haagse kunstenaars, waaronder bijvoorbeeld ook Co Westerik, Aat Verhoog en Kees Andréa, die kort na de oorlog de figuratieve schilderkunst (weer) oppakte en consequent in die stijl is blijven schilderen. Deze schilders streefden in de jaren vijftig en zestig naar een kunst waarin schilder- en beeldhouwkunst, architectuur, vormgeving, toneel, dans, muziek en literatuur met elkaar geïntegreerd werden om direct in dienst te staan van de samenleving. Berserik ontwierp ook mozaïeken, tekenfilms, affiches, wandschilderingen, boekillustraties en boekomslagen (o.a. voor uitgever Salamander), toneeldecors, toneelkostuums voor theaterproducties en dansvoorstellingen.

Hij sloot zich in 1951 aan bij de realisten en exposeerde met hen bij Kunsthandel Liernur in Den Haag in datzelfde jaar. Tevens werd hij lid van de Haagse groep Verve. In 1952 verwierf hij de Jacob Marisprijs voor grafiek voor zijn ets *Zwangere vrouw*, 1949.

Als schilder staat Berserik bekend als een groot verteller. Hij maakt met name landschappen, stillevens, (zelf)portretten en stadsgezichten. Veelal combineert hij meerdere genres in een schilderij.

In de compositie brengt Berserik een vervreemding aan door objecten in een ongewone context te zetten of ze met elkaar te combineren tot een ongebruikelijke compositie of een aparte invalshoek te kiezen. Door de vormen op het doek bovendien te reduceren tot het meest essentiële en de voorwerpen als het ware te bevriezen, zodat er verstilling ontstaat, schept hij een geheel eigen sfeer.

In *Zelfportret boven de polder*, 1973 heeft Berserik zichzelf zwevend boven het Hollandse landschap afgebeeld. Landschap en zelfportret als twee aparte genres worden hier gecombineerd. Aan de horizon zijn objecten geschilderd die zo eigen aan het vlakke land zijn, zoals een boerderij, kerktoren, bomen en een brug met ronde stalen bogen. Zij zijn in detail weergegeven, hoewel ze ver op de achtergrond staan, zoals de Vlaamse primitieven dat in de veertiende en vijftiende eeuw ook deden. Het gele avondlicht schept een romantische sfeer en weerspiegelt zich in de sloten, die daardoor extra nadruk krijgen. Door de perspectivische werking geven de sloten diepte aan de voorstelling.

De schilder zelf lijkt als aan een touwtje te worden voortgetrokken, zijn blik is dromerig, alsof hij droomt dat hij zich zo boven het landschap bevindt.

De kunstenaar ontleent ideeën aan de wereld om hem heen, zoals een plaatje in een oud boek, een scène in het landschap, een hoedje, een hand, een uitzicht uit het raam of een kastje. De objecten in zijn voorstellingen zijn veelal gebruikte voorwerpen, waar het patina van de tijd op vast is blijven zitten. Ook jeugdherinneringen spelen een belangrijke rol. Steeds keren voorwerpen terug: allerlei soorten voertuigen, fietsen, boten, water, poppen en speelgoed.

Rolrijder, 1977-1978 verbeeldt drie mannen staande naast een racefiets en een motorfiets. De motorrijder staat pontificaal vooraan, maar de racefietser rechts heeft de overwinning behaald. Hij heeft de bos bloemen gekregen. De man in het midden trekt alle aandacht met zijn zware motorfiets. Zijn kleding en de motorfiets lijken uit de jaren dertig, terwijl de wielrenner er moderner gekleed uit ziet. De man links houdt een zo op het oog moderne racefiets vast, maar met een wel erg klein voorwiel. Bij een tekening die Berserik van de motorfiets heeft gemaakt, staat dat het om een gangmaakmotor gaat.[1] De motorrijder rijdt voor de wielrenner uit om hem tot grotere snelheid te prikkelen. Berserik heeft het voertuig nagetekend naar een model in het automuseum in Leidschendam. De curieuze tekst 'Ideal olie rijdt Kelly' staat op de tank. De achterwand van de ruimte, waarop vak E en F geschilderd zijn, roept associaties op met een stadion, maar de houten plankieren lijken dat weer te loochenstraffen.

De heldere compositie, de open blik en de houding van de drie figuren geeft het beeld een ongedwongen uitstraling. De manier waarop de figuren uit het schilderij kijken, heeft iets naïef kinderlijks. Ze zien er niet naar uit alsof ze net een spannende wedstrijd achter de rug hebben. Berserik geeft ons losse handvatten, die we zelf kunnen samenvoegen tot een verhaal.

Vervorming en vervreemding van het beeld vinden we bij *Tram in Tunis*, 1960-1962, een relatief vroeg werk. De tram is als een speelgoedtrammetje afgebeeld, als het ware samengeperst om op het doek te passen. De deuropeningen zijn zo smal, dat er haast geen doorgang mogelijk lijkt. Op de tram zijn letters en cijfers geschilderd, een thema dat in zijn hele oeuvre steeds terug komt.

De schilder speelt hier met het perspectief. De voorzijde van de tram is te zien, terwijl we volgens de klinkertjes recht tegen het midden van de tram zouden moeten aankijken. Berserik combineert hier het detail van de klinkers met het schetsmatige van de tram en de vlakken van de muur achter de tram en de lucht.

De kleine ruimte op het doek concentreert alle aandacht op de tram, maar roept tegelijkertijd vragen op over wat zich daar buiten afspeelt. 'De mensen zijn altijd nieuwsgierig naar de dingen die in mijn werk niet te zien zijn. Wie of wat bevindt zich achter dat muurtje, wie woont in dat huis, wat bevindt zich achter die heuvel?'[2]

Vergelijkbare vragen dringen zich op bij het zien van voorstellingen, die onlogisch lijken. Waarheen is Teun op weg met opa in *Teun in z'n A-Ford*, 1975? Wat is dat voor houten plankier, waarop de auto rijdt midden in het landschap? Rijdt de auto wel of zitten de figuren er alleen maar in?

Teun houdt geconcentreerd het stuur vast, opa zit streng kijkend achterin, hoed op, wandelstok in de hand, alsof hij nog moet wennen aan dit nieuwe vervoermiddel. De uitgestoken wijsvinger van de blauwe hand, omringd door wolkjes en een roze cirkel, wijst als een vinger van God naar de auto. De letters H-5042 op de blauwe achtergrond roepen associaties op met een autonummerbord. Deze ontnuchterende gedachte werkt uiteindelijk hilarisch. Het beeld verliest zijn serieuze lading en wordt iets om over te grinniken.

In *Ontmoeting in Lixhe*, 1973 schrijden twee grote poppen zonder hoofd en handen als schaakstukken door een landschap. De vreemde verschijningen en hun buitengewone proportie geven het schilderij een surreële sfeer. De poppen zijn geschilderd naar een model dat in de mode-afdeling van de kunstacademie in Den Haag stond.[3] Het Belgische plaatsje Lixhe ligt vlak over de grens bij Eijsden en elementen van het mergellandschap uit die streek vinden we terug in de voorstelling. De titel heeft geen andere betekenis dan de fantasie van de toeschouwer te prikkelen.

In de jaren tachtig en negentig heeft de bevreemding en de gedetailleerde uitwerking plaats moeten maken voor een wat lossere schilderwijze. Maar Berserik blijft bij zijn oorspronkelijke intentie om schilderijen te maken 'helder, eenvoudig, goed van kleur, mooi van toon en met een beetje poëzie als het kan'.

1 Hermanus Berserik, John Sillevis, *Hermanus Berserik*, 's Gravenhage, 1983, p.87

2 Roel Arkesteijn, e.a., *Promenade in 't Haagse, Kunstcollectie Promenade Hotel*, Den Haag 1996, p.33

3 Telefonische mededeling van de kunstenaar aan de auteur d.d. 31 maart 2001

Zelfportret boven de polder, 1973
olieverf op doek,
100 x 110 cm
Collectie Museum van Bommel van Dam, Venlo

Rolrijder, 1977-1978
acryl op doek,
100 x 110 cm
Collectie Museum voor Moderne Kunst, Arnhem

Hermanus Berserik

Teun in z'n A-Ford,
1975
acryl op doek,
122 x 196 cm
Particuliere collectie

Tram in Tunis,
1960-1962
tempera en olieverf
op doek, 110 x 140 cm
Particuliere collectie

Een mooie landing,
1990
acryl op doek,
99 x 120 cm
Collectie
dr. ir. L.H. Ruiter

Ontmoeting in Lixhe,
1973
olieverf op doek,
80 x 40 cm
Particuliere collectie

Zonsondergang, 1974
acryl en olieverf op
doek, 63 x 92 cm
Particuliere collectie

Blikken fietsers,
1970 - 1972
tempera en olieverf
op doek, 110 x 180 cm
Particuliere collectie

Barend Blankert (1941)

'Kunst is er misschien om een emotie uit te drukken, maar vooral ook om een emotie op te roepen.'

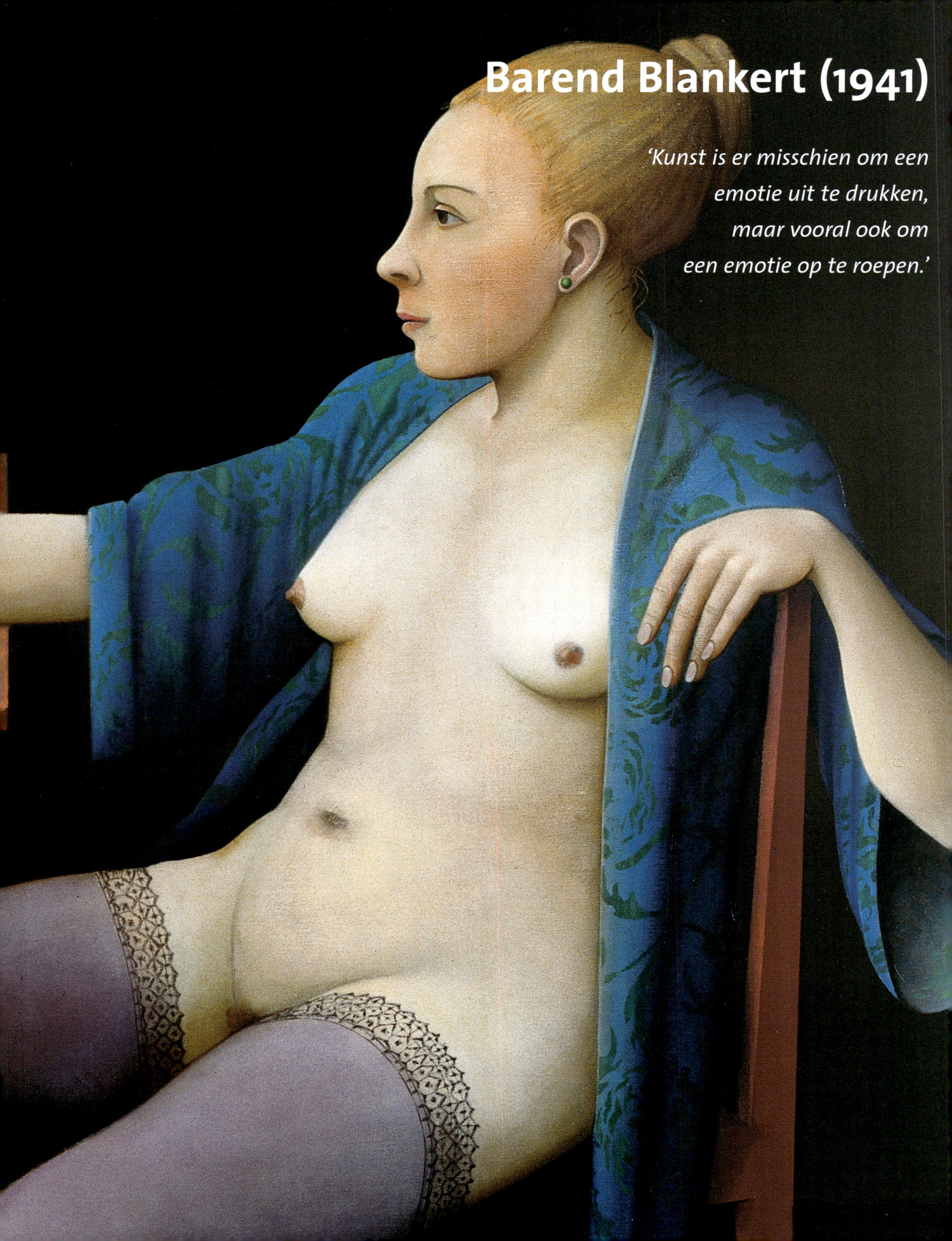

Barend Blankert schildert en tekent al vanaf het begin van de jaren zestig. Toen verbeeldde hij stillevens, landschappen en stadsgezichten. Nu schildert hij mensen en objecten in gefingeerde situaties. Zijn thematiek is echter steeds dezelfde gebleven.[1] Het werk gaat over mensen, die nauwelijks met elkaar communiceren, levend in eenzaamheid, verblijvend in deprimerende, nagenoeg lege ruimtes of vaag romantische landschappen. De menselijke figuren zitten of staan als bevroren in een moment. Ze staren peinzend voor zich uit, hebben het hoofd op tafel gelegd of zitten roerloos aan het water. Bijna altijd hebben ze zich afgewend van de toeschouwer. De gedachten- en gevoelswereld ligt in die verstilde lichamen opgesloten.

In *Vrouw in blauwe ochtendjas*, 1984-1986 zit een vrouw op een stoel met een blauwe ochtendjas aan, die opengevallen is, waardoor haar naakte lichaam zichtbaar wordt. Ze draagt lange paarse kousen afgezet met kant en pantoffels met een oranje patroontje. De stofuitdrukking van de ochtendjas en het kant van de kousen is nauwgezet weergegeven. De sigaret die de vrouw in haar hand heeft, is zover opgebrand dat zij een asbak nodig heeft, maar ze maakt geen aanstalten tot actie. De voorstelling is helder van compositie en opgebouwd uit een patroon van lijnen. De rust in het schilderij wordt nog versterkt door het afgewogen kleurgebruik, zoals bijvoorbeeld het oranje van de tulpen, dat terug komt in de schoentjes. Maar tegelijkertijd roept de nauw verholen erotiek een spanning op, die de aandacht blijft vasthouden.

In dit werk ontbreekt de monumentaliteit van de figuur en is de beklemming van de eenzaamheid nog niet zo pregnant. In Blankerts schilderijen worden verschillende onderwerpen naast elkaar gezet. Dat roept vragen op over de betekenis ervan. Veelal gaat het over existentiële angst, onthechting, eenzaamheid en afgesloten zijn van sociale interactie.

In *Les beaux jours*, 1990-1991 verblijft de familie tijdens een gezinsuitstapje aan het water voor een picknick. De vrouw met een rode hoed zit met haar voeten in het water over het meer uit te staren. De anderen communiceren ook niet en zijn geheel in zichzelf gekeerd. Het oog wordt getrokken naar de etenswaren links voor in beeld, die tot in detail zijn uitgewerkt. Brood, wijn en druiven liggen onaangeroerd naast de figuren.

Zowel in de monumentaliteit van de figuren als in de compositie van de voorstelling leunt Blankert zwaar op de Franse schilder Georges Seurat, met name op diens schilderij *Een badplaats bij Asnières*, 1883-1884. Zelfs het rode hoedje komt hier terug, maar bij Blankert door de dame gedragen in plaats van door één van de jongens.

De vrouw, zoals hier afgebeeld, komt in dezelfde pose met dezelfde hoed en jurk terug op het schilderij *Vrouw met rode hoed*, 1991. Daar zit zij op een krukje in een kamer. Blankert gebruikt vaak hetzelfde thema in een andere context. Het gaat hem niet speciaal om deze vrouw. 'Ik schilder niet een bepaald mens, maar *de* mens', zegt Blankert. 'Mijn schilderijen hebben niets met de geposeerde werkelijkheid van Frans Hals te maken, maar alles met de interieurstukken van Vermeer.' [2]

Daarom moeten ook de portretten waarvoor hij zelf model heeft gestaan, niet als zelfportretten worden gezien.

Zelfportret als mens, 1995 is daar een voorbeeld van. De in zichzelf gekeerde man met zijn hoofd op tafel is volledig afgesloten van de buitenwereld. De lege ruimte benadrukt zijn eenzaamheid en geïsoleerdheid. Toch kunnen we bij nadere beschouwing ook een vleugje relativering zien in deze voorstelling. De witte badmuts, waarvan de rand exact parallel loopt met de hoek van de kamer maakt het beeld tot een spel van lijnen en kleuren. De badmuts is geschilderd, omdat het volgens de schilder toevallig zo aardig uitkwam. Hij zat zelf model voor de foto, waarop de voorstelling gebaseerd is en had een badmuts op. Dat leverde een mooi beeld op en is niet zozeer bedoeld om het een extra lading te geven.

Blankert gebruikt een precieze, bedachtzame constructie voor zijn beelden, een afgewogen zacht kleurgebruik, waarbij hij ongebruikelijke kleuren niet schuwt en een zeer intensieve schildertechniek in meerdere lagen hanteert.

Zijn onderwerpen haalt hij vaak uit boeken en tijdschriften en hij bezoekt veel tentoonstellingen. Zijn werk is niet literair bedoeld. 'Het beeld spreekt voor zich'.[3]

Blankert, die van 1971 tot 1992 les heeft gegeven aan de Academie Minerva in Groningen, vindt dat zijn werk moet aansluiten bij de huidige maatschappij. 'Ik vind het juist belangrijk dat mijn schilderijen iets oproepen of iets teweeg brengen. Niet zozeer vanuit het educatieve aspect, maar vooral vanuit de gedachte dat het iets aan het denken toevoegt, dat het blijft boeien.'[4]

Door hun statische monumentaliteit lijken de schilderijen van Blankert verwant aan het werk van Balthus en Seurat. Maar de beklemmende sfeer die zijn werk oproept, heeft duidelijk zijn wortels in het magisch realisme van Carel Willink en Pyke Koch. In diverse schilderijen citeert hij door hem bewonderde klassieke meesters.

Het Aards Paradijs, 1995 laat een huiskamer zien die huiselijk oogt, comfortabel met ouderwetse meubels, de pendule op de schoorsteen en de hond onder de tafel. Aan de rechter achterwand hangt een schilderij in een goudkleurige gipsen lijst. Het thema van het schilderij is ontleend aan de *Adam en Eva in het Paradijs* van Rubens en Jan Breughel dat in het Mauritshuis hangt. Blankert heeft het schilderij niet letterlijk gereproduceerd, maar gevat in een ronde lijst, een overblijfsel uit de Noord-Europese traditie. Bovendien heeft hij de nadruk gelegd op Eva die Adam de appel aanbiedt. De man in de hoek – Blankert staat zelf model – staart naar de tafel. De naakte vrouw, staande in het licht, kijkt naar de grond voor zich.

Thema's uit het verleden worden naar het heden getrokken en naast elkaar geplaatst. Schoonheid, overvloed, huiselijkheid en aandachtigheid zijn alle dingen waar wij naar verlangen, maar de afstand die het schilderij schept tussen beeld en toeschouwer, doet ons beseffen dat zij moeilijk te krijgen zijn.

Blankert tekent veel, maar weet nooit wat hij gaat uitwerken. Dat is een geleidelijk proces. Van scènes die hij voor zich ziet, maakt hij foto's waarbij hij zichzelf of leden van zijn gezin tot model neemt. Voor Blankert is schilderen geen keuze, maar een innerlijke noodzaak. Telkens als hij een schilderij af heeft dringen zich nieuwe beelden op, die geschilderd moeten worden. 'In principe ga je door en hoop je dat je je beste werk nog zult maken, dat houd je op de been.'

Blankerts wijze van schilderen is goed te zien in *Bauer und Dichter*, 1994. Op paneel schildert hij de onderlagen, die door de daarover geschilderde lagen zichtbaar blijven. De figuren schildert hij met robuuste verfstreken, opgebouwd uit diverse kleurnuances, waardoor ze monumentaal worden. Daarentegen is de vloer een diffuse mengeling van kleur in alle richtingen geschilderd. De glazen met drank van beide heren en de peuk op het schoteltje zijn tot in detail uitgewerkt. Door de combinatie van deze schildertechnieken krijgt de voorstelling een extra betekenis. De mannen zitten nadrukkelijk van elkaar afgewend, terwijl een drankje drinken toch een sociale bezigheid zou kunnen zijn. De dichter heeft zich tot de toeschouwer gewend. Hun uiterlijk, de kleding, het kapsel en het soort drank wat ze drinken benadrukt het verschil tussen beiden. Alsof de kunstenaar, de dichter, herkenning zoekt bij de toeschouwer in plaats van bij zijn kroegmaat.

1 Johannes Buwalda, *Barend Blankert. New Paintings.* Tentoonstellingsbrochure Mineta Move Art Gallery, Brussel, 2000

2 Frigo Visser, 'De mens als stilleven', in: R.I. Dalinghaus, *Noordbeeld. Figuratieve Kunst uit Noord-Nederland en Noordwest-Duitsland*, Tentoonstellingscatalogus Drents Museum, Assen, 1992, p.36

3 Sacha Tanja e.a., *ING-Collectie. Een selectie*, Amsterdam, 1998, p.62

4 Emily Ansenk, 'Innerlijke Noodzaak' in: Emily Ansenk e.a., *Voor Eeuwig Bevroren 1975-1998. Barend Blankert, 1941*, Amsterdam, 1999, p.20

Het aards paradijs, 1995
acryl, alkyd en olieverf op doek, 180 x 215 cm
ING Collectie, Amsterdam

Zelfportret als mens, 1995
acryl, alkyd en olieverf op paneel, 157 x 129 cm
ING Collectie, Amsterdam

Les beaux jours,
1990-1991
acryl en olieverf op
doek, 168 x 187 cm
Collectie Nicolette
J. Brink - Kunstzaken,
Nieuwerbrug

Bauer und Dichter,
1994
acryl, alkyd en
olieverf op paneel,
140 x 138 cm
ING Collectie,
Amsterdam

Naakt op sofa, 1999
olieverf op paneel,
150 x 150 cm
Collectie Galerie
Maria Mineta, Brussel

Vrouw in blauwe ochtendjas, 1984-1986
acryl en olieverf op
doek, 150 x 150 cm
Collectie Berentsen -
Tanja

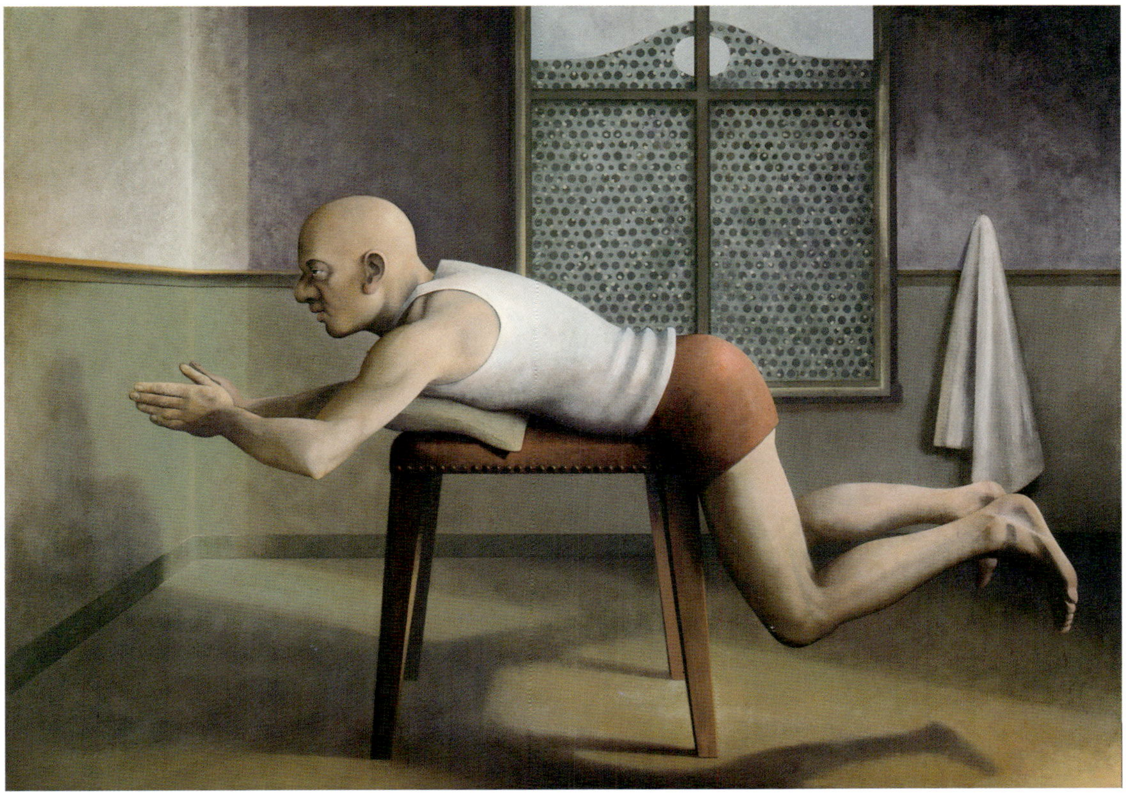

De badmeester, 1991-1992
acryl en alkyd op paneel,
124,5 x 171,5 cm
Collectie Nicolette J. Brink - Kunstzaken, Nieuwerbrug

Mannen met grammofoon, 1993
acryl, alkyd en olieverf op paneel,
121 x 151 cm
Collectie Nicolette J. Brink - Kunstzaken, Nieuwerbrug

Frans Clement (1941)

'Ik wil mensen eraan herinneren dat ze veel schoonheid kunnen vinden in de gewone dingen om hen heen.'

Frans Clement schildert alledaagse dingen. Ze zijn zo gewoon, dat iedereen er dagelijks aan voorbij loopt zonder ze werkelijk te zien: een telefooncel, een stapel stenen, fietsenstandaards of een afvoerputje. Voor Clement hebben deze objecten meer dan alleen een gebruiksfunctie, zij hebben ook een visueel aspect. Als beeldend kunstenaar richt hij zich op deze visuele betekenis. 'De onderwerpen die ik kies, zijn situaties waar je meestal niet op let en die aan je bewuste waarneming ontgaan. (...) Het mysterie van het bestaan schuilt ook in het gewoon alledaagse, dat je omringt.'[1]

Op *Zonder titel*, een werk uit 1982, is de voet van een straatlantaarn is afgebeeld. Hoewel de zwarte voet alle aandacht trekt, blijkt bij de tweede blik de bestrating een levendig abstract patroon te vormen. Door de specifieke invalshoek en de afsnijdingen schept Clement een boeiend beeld van een onopvallend deel van onze omgeving.

De tentoonstelling over het relativerend realisme in het Van Abbemuseum in Eindhoven in 1972 maakte grote indruk op Clement en zette hem op het spoor van het fotorealisme. Kunstenaars die tot deze stroming behoorden, haalden alledaagse en banale objecten uit hun context, vergrootten ze uit en bliezen ze op tot groot formaat om een nieuwe werkelijkheid neer te zetten. Het ging deze schilders om de verschijningsvorm van de objecten en niet om het verhaal wat erbij hoort.

Als fotorealist maakte Clement naam in de jaren zeventig. Niet alleen de Amerikaanse foto-realisten, maar ook de Nederlanders Jan Beutener en Har Sanders waren hem tot voorbeeld. Drie maal won hij de bronzen medaille bij de Europaprijs te Oostende, kreeg stipendia en had een eenmanstentoonstelling in het Van Abbemuseum in 1975/76.

Een werk uit die tijd is *Schuttingpalen*, 1976. Het idee voor het schilderij ontstond, doordat Clement op een braakliggend terrein een serie schuttingpalen zag, die hij visueel interessant vond. Hij haalde ze uit hun context en zette ze breed in beeld. Op de voorstelling staan ze kris kras op een bouwterrein. Door de wijze waarop ze zijn neergezet en de specifieke belichting schept de kunstenaar een nieuw beeld, waarin de schoonheid van de objecten naar voren wordt gehaald.

Het resultaat van Clements werk is dat men anders naar de werkelijkheid om zich heen gaat kijken. Platvloerse, alledaagse dingen krijgen opeens een extra betekenis: ze worden mooi.

Clement maakt ons ervan bewust dat wij en onze omgeving niet van elkaar te scheiden zijn. We willen misschien het vuil en de rommel op straat niet zien, maar wij hebben er wel zelf voor gezorgd en blijven er verantwoordelijk voor. Door de dingen mooi te tonen vestigt Clement onze aandacht op deze objecten en hun aanwezigheid in ons dagelijks bestaan.

Ook na het verdwijnen van het fotorealisme als toonaangevende stroming bleef Clement vasthouden aan deze manier van schilderen.

Zonder titel, ongedateerd, laat een elektriciteitshuisje met graffiti zien. Het huisje is een object, waar we in het dagelijks leven achteloos aan voorbij lopen en dat ons misschien stoort door zijn graffiti. Op dit doek wordt het glanzend zwarte huisje midden in het beeld gezet en worden we ons bewust van de krachtige uitstraling van de graffiti. Lelijkheid en irritatie wordt omgezet in verwondering en aandachtig kijken.

Nadere beschouwing van Clements werk leert, dat de werkelijkheid niet zonder meer wordt nagebootst. Door uitsnijding, gedetailleerde weergave en het spel met de belichting schept hij vervreemdende, bijna surreële beelden. 'Het gaat niet zozeer om het benoemen van de dingen, als wel om het voelbaar maken van vorm, kleur en visuele gewaarwording. De objecten in het schilderij zijn vaak groter dan ze in werkelijkheid zijn. Dat is om de voorstelling te vervreemden, om de dingen een luidere klank te geven, om er meer zeggingskracht aan te geven. (...) Het is meer, veel meer zelfs, dan een fotografische realistische afbeelding. Het is een weergave van een intense beleving van de werkelijkheid.'

Betonmolen, 1994 is een goed voorbeeld van Clements werkmethode. Een grote gele cylinder wordt fel verlicht door het zonlicht. Uitstekende buizen en gaten in de huls geven het een vervreemdende uitstraling, die versterkt wordt door de invalshoek die van onder naar boven is gericht. Het object wordt daardoor buitenproportioneel groot. De vormen en kleuren krijgen een eigen esthetische waarde.
Subtieler en esthetischer is het schilderij *Deur in Brabant*, 1994. Het fijne traliewerk, de geschilderde deur en het kozijn eromheen, maken het tot een evenwichtig beeld van vlakken en lijnen. Hiermee is het schilderij beland in het spanningsveld tussen abstractie en realisme. Een stuk uit de werkelijkheid is met grote precisie geschilderd, waardoor een geheel nieuw beeld ontstaat.

'(...) als je schoonheid in de dagelijks aanwezige werkelijkheid kunt ontdekken, dan geeft dat meer verrijking. (...) Wat mij persoonlijk betreft vind ik het prettig dat mijn schilderijen bekeken worden, maar dat ik zelf in de anonimiteit verdwijn.'[2]

1 Peter Thoben, 'Schilderen uit overtuiging', in: *Frans Clement. Uitgelichte Realiteit*, Tentoonstellingscatalogus Museum Kempenland, Eindhoven, 1995, p.7

2 Peter Thoben, op. cit.

Schuttingpalen, 1976
olieverf op doek,
150 x 190 cm
ING Collectie,
Amsterdam

*Ingeklapte terras-
tafels en stoelen*, 1988
olieverf op doek,
152 x 192 cm
ING Collectie,
Amsterdam

Zonder titel, 1982
olieverf op doek,
196 x 156 cm
ING Collectie,
Amsterdam

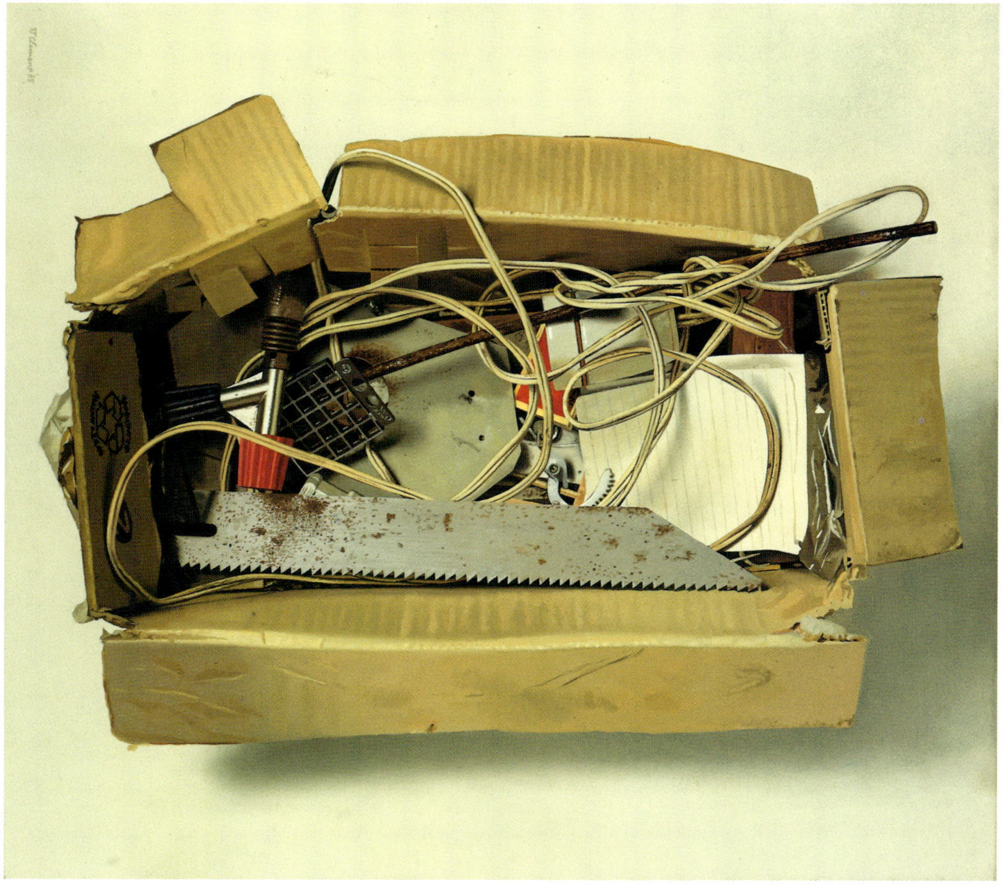

Doos, 1985
olieverf op doek,
112 x 122 cm
ING Collectie,
Amsterdam

Deur in Brabant, 1994
olieverf op doek,
120 x 110 cm
ING Collectie,
Amsterdam

Frans Clement

Betonmolen, 1994
olieverf op doek,
110 x 120 cm
ING Collectie,
Amsterdam

Zonder titel,
ongedateerd
olieverf op doek,
110 x 120 cm
ING Collectie,
Amsterdam

Peter Durieux (1951)

‘Mij boeien in de natuur met name grotere vlakken, waar één concentratiepunt aanwezig is.’

Durieux schildert landschappen, waarin de tijd lijkt te zijn stil gezet. 'Ik schilder het liefst landschappen. Ik weet niet precies waarom, het is geen bewuste keuze. (...) Mensen of dieren in mijn schilderij zou ik als storend ervaren. Ik schilder landschappen zonder al te veel beweging: geen wind, geen woeste luchten. Eigenlijk zijn het een soort landschappelijke stillevens, waarbij ik een groot belang hecht aan de compositie en het spel van licht en donker'.[1]

In het schilderen van landschappen kan Peter Durieux zich volledig uitdrukken.[2] Zijn palet met talloze groenen, grijzen en okers biedt hem genoeg middelen om ingetogen en evenwichtige voorstellingen te schilderen. Rust en harmonie voeren de boventoon.

In *Les Ribes*, 1996 vult het landschap met zijn bossen bijna het gehele beeld. Links boven is nog een stukje van de lucht te zien. Grotendeels verborgen achter het groen staat een grijs huis, strak van lijn. Zonlicht schijnt op de zijkant. Het vormt een lichte horizontale streep in het donkere oppervlak van het doek, een houvast en een rustpunt in deze zee van groen.

De bossages zijn niet egaal, maar vertonen lichtere en donkere delen. Durieux verdeelt het landschap in vlakken en brengt spanning in het beeld door variatie in lichtere en donkere delen aan te brengen. Hij schildert niet precies na wat hij ziet. De compositie van het beeld zet hij naar zijn eigen hand. Huizen, palen, muurtjes en bomen worden door de kunstenaar op het masoniet (de ondergrond van het schilderij) verschoven om zo een bevredigende compositie te krijgen. Het landschap wordt herschikt alsof het een stilleven is. 'Mij boeien in de natuur met name grotere vlakken, waar één concentratiepunt aanwezig is (...).'[3]

Mentiby bij Melon, 1998 verbeeldt een serie muurtjes die achter elkaar is gebouwd. De hoogste ontneemt ons het zicht op wat daar achter is. De massiviteit van de beschaduwde vlakken van de muurtjes wordt doorbroken door de lichtval op de bovenranden. Onze blik wordt getrokken naar de stenen trappetjes die eveneens de muurvlakken doorbreken en die een verbinding leggen met het huis erachter, waarvan we slechts een stukje zien.

De ruwe structuur van het steen, de goten en de treden zijn nauwkeurig uitgewerkt. Het uiterlijk van het stucwerk op de muur is niet met klein penseel aangebracht, maar eerst met een grotere kwast. Als de verf er goed op staat, werkt Durieux het alleen nog bij.

Dit is ook te zien op het schilderij *Kwelder bij Wierum*, 1996. De half vergane palen in het zand zijn met een grotere kwast geschilderd en daarna verder afgemaakt. Het zand en de zee zijn kleurvlakken waarin diverse kleuren zich met elkaar mengen. Toch wekt het hele schilderij de illusie dat het fijn geschilderd is.

De palen zijn in een cirkel geplaatst met de stomp van een afgebroken paal ertussenin. Dat breekt de uniformiteit van de overige vier. Door hun plaats in de compositie vormen de palen een gesloten geheel te midden van het eindeloze strand, dat links en rechts doorlopend uit het beeld gesuggereerd wordt.

Het sobere kleurenpalet, de verticale palen, de horizontale vlakken van de zee en de lucht scheppen een harmonisch beeld van rust en evenwicht. De strakke horizontaliteit en verticaliteit roepen soms associaties op met het vroege werk van Piet Mondriaan.

Durieux zoekt zijn inspiratie door buiten te wandelen en te tekenen. Zijn voorkeur gaat uit naar Franse landschappen vanwege de glooiing en omdat de natuur daar meer zijn gang mag gaan. Enkele jaren geleden schilderde hij in Noord-Groningen, maar het vlakke land en de weidse luchten boeiden hem niet. 'Ik zocht meer in intieme hoekjes: een dijkovergang, een slootkant of een hek in een weiland en dan vanuit een heel laag standpunt bezien. Zo zocht ik de welving die op die manier zelfs in ons vlakke land te vinden is.'[4]

Tijdens wandeltochten op zoek naar mooie plekjes treft hem dan een beeld, dat hem uitnodigt het te tekenen. De atmosfeer en de ruimtelijkheid raken hem. Tijdens het tekenen wijzigt hij ter plekke de compositie als die hem beter bevalt. Sommige tekeningen werkt hij tot in detail uit en kunnen als op zich staande kunstwerken worden beschouwd.

In zijn atelier zet hij de tekening om in een schilderij. Doordat hij met een open instelling begint met slechts een globaal beeld in zijn hoofd hoe het schilderij moet worden, wijzigt hij meestal ook weer de compositie van tekening naar masoniet. Hoewel hij in principe naar de realiteit schildert, komen wel eens beelden voort uit zijn eigen verbeelding. 'Compositie is voor mij heel belangrijk en het naar de hand zetten van de werkelijkheid blijft tenslotte het voorrecht van de kunstenaar.'[5]

In *Castelloux*, 1998 staat op de voorgrond een scheef bouwseltje met een puntdakje dat er recht bovenop staat. Daarachter zien we een huis, dat grotendeels verborgen blijft achter het bouwseltje en een flinke struik. De langwerpige, liggende vorm van het doek en het vlak van het lichte gras afgezet tegen de bergen scheppen niet alleen in de diepte, maar ook in de breedte een grote ruimtelijkheid.

Het licht in de werken van Durieux is niet Frans en niet Hollands. Hij is daar niet bewust mee bezig. Vaak schildert hij weken nadat hij terug is in zijn Noord-Groningse atelier, Franse landschappen. Wel is er altijd zonlicht in de voorstelling aanwezig. De licht-donker tegenstellingen komen daardoor beter tot hun recht.

De schilderijen van Durieux zijn bijna allemaal liggend van formaat. De objecten die de aandacht trekken in het landschap, zoals een huis of een muurtje, hebben eveneens een nadrukkelijke horizontaliteit.

Lanildut, 1997 verbeeldt een verweerde houten sloep liggend op stenen. De kleurvlakken en licht-donker tegenstellingen zijn alle horizontaal gecomponeerd. Ook hier is het effect dat van rust en evenwicht.

Het verhaal waarover het schilderij vertelt, over datgene wat we zien, vindt als het ware buiten de lijst plaats. We vermoeden water in de buurt en menselijke aanwezigheid, maar het is niet zichtbaar.

De invloed van de Amerikaanse realistische schilder Andrew Wyeth, die op de Academie Minerva in Groningen enige tijd veel waardering kreeg en ook door Duriex wordt bewonderd, is hierin terug te vinden.

Als schilder werkt Durieux heel precies en veelal in klein formaat. De laatste verflaag werkt hij met de fijnste penselen uit. Het gevolg is niet dat de werkelijkheid er onwerkelijk uit ziet, maar dat de toeschouwer anders gaat zien.

De kunstenaar werkt steeds aan meerdere schilderijen tegelijk. 'Ik heb de neiging schilderijen lang om me heen te houden en er steeds weer aan te werken. Schilderijen staan zo maanden, zelfs jaren in mijn atelier.'[6]

1 *Realisten 1998: Dinie Boogaart ... Gerard van de Weerd*, Amsterdam 1999, p.36
2 Gegevens voor dit artikel ontleend aan een gesprek met de kunstenaar door de auteur dd. 8 maart 2001
3 Anoniem, 'Mysterieus licht Durieux in ruimte van Galerie 3', *Flevolander*, 21 september 1988
4 Piet Sebens, *Met Intens Genoegen*. Marum 2000, p.36
5 Rik Leeflang e.a., *ING-collectie, een selectie*. Amsterdam, 1998, p.114
6 op.cit (zie noot 5)

Bij Péloutier, 1999
acryl op paneel,
40 x 95 cm
Collectie Houtman

Mentiby bij Melon, 1998
acryl op paneel,
30 x 60 cm
Collectie Ostendorf -
Mulder

Peter Durieux

Les Ribes, 1996
acryl op paneel,
78,5 x 122 cm
ING Collectie,
Amsterdam

Lanildut (Bretagne),
1997
acryl op paneel,
46 x 96 cm
ING Collectie,
Amsterdam

Castelloux, 1998
acryl op paneel,
26 x 50 cm
Particuliere collectie

Muur in Lesvaux, 1998
acryl op paneel,
16 x 70 cm
Collectie R.J.B. Brandt

Pointe de la Tour,
2000
acryl op paneel,
29 x 89 cm
ING Collectie,
Amsterdam

Kwelder bij Wierum, 1996
acryl op paneel,
28 x 40 cm
Collectie Houtman

Joke Frima (1952)

‘Ik schilder onderwerpen die men vaak niet waardevol vindt, vanuit mijn ervaring, dat eenvoudige dingen mooi kunnen zijn.’

In het werk van Joke Frima staan twee thema's centraal: planten en stillevens.[1] Oost-Indische kers, groothoefblad, pompoenen, mais of kruipende klimop zijn enkele van haar onderwerpen. Stillevens ontstaan ter afwisseling van het schilderen van de planten.

Wanneer Frima planten schildert, beeldt ze ook vaak bloemen of vruchten af, maar bij nader inzien ligt de nadruk daar niet op. Wie haar werk bekijkt, merkt dat het oog steeds weer van de kleurige bloemen en vruchten naar het groene blad wordt getrokken.

In *Pompoenplant verscholen onder de heg*, 1996 zien we twee grote pompoenen in de schaduw van een heg liggen op een bed van bodembedekkers. Hoewel onze blik als eerste naar de helder oranje pompoenen wordt getrokken, dwaalt het oog daarna steeds langs de sierlijk kronkelende stengels naar de grote bladeren die het licht zoeken. Door het blad dat licht vangt, kunnen de vruchten groeien. De plant en niet de vrucht is het centrale element in de voorstelling.

Het groen van de natuur vult het hele vlak. Het standpunt is laag gekozen, waardoor het lijkt alsof we tussen de planten liggen of staan en alle oneffenheden van dichtbij kunnen zien. Door het lage standpunt ontstaat een sterke dieptewerking, hoewel het oog niet ver kan reiken.

De illusie dat we midden in het veld staan, krijgen we ook bij het zien van *Maïsveld*, 1995. Het schilderij legt niet de nadruk op waar het bij de teelt om gaat, het kweken van maïskolven, maar laat juist stengels en blad zien. Terwijl alle energie naar de vruchten gaat, vechten de stengels en bladeren om voedsel, licht en lucht. Bladeren zijn geknakt, gescheurd, bruin gekleurd en van de stengel gevallen.

We zijn geneigd alleen naar het maïs te kijken of het voldoende groeit, terwijl de kunstenares aandacht vraagt voor datgene dat we geneigd zijn over het hoofd te zien.

Frima's oog valt buiten in het veld op gewone planten, niets bijzonders en daarom juist de moeite waard. Meestal heeft zij een idee in haar hoofd en zoekt er het onderwerp bij. De keuze bepaalt ze aan de hand van het patroon van het blad, de abstracte werking die ervan uit gaat, in hoeverre het patroon zich herhaalt, een ritme ontstaat en gevoel van evenwicht. Als het nodig is, zet zij de compositie naar haar hand. Vaak kiest ze een laag standpunt. Kan het werk niet ter plekke gemaakt worden, dan werkt ze met studies en foto's die ze later in haar atelier uitwerkt.

In het koele licht van de lente, 1996 verbeeldt een veld vol groot hoefblad met uitgebloeide bloemen. Een hoge horizon geeft ruimtelijkheid aan het werk.

De voorstelling is een spel van groenen, afgewisseld met de bruine bloemen die vertikaal het vlak breken en levendigheid verschaffen.

Met een doodgewoon beeld uit de natuur weet Frima ons te boeien door het abstracte spel van licht en kleur

In het schilderij *De lotusvijver*, 1998 hanteert de kunstenares dezelfde uitgangspunten. Nu zijn de planten niet van dichtbij bekeken, maar van een afstand. Bij een lotusvijver stellen we ons voor vooral de prachtige lotusbloemen te zien. Maar Frima heeft die niet geschilderd. Het blad, gerimpeld en met bruin omkrulde randen, alle kanten uitgroeiend, is het onderwerp van de voorstelling. De plant heeft grote bladeren, die als het ware worstelen om boven water te blijven. Doordat we gewend zijn de grote statige lotusbloemen te bewonderen, zien we de chaos er om heen makkelijk over het hoofd.

De weerspiegeling in het water van de lucht en de bladeren schept grote diepte in de voorstelling, zowel naar boven en beneden als naar achteren.

Ritme, rust, evenwicht en aandacht voor het alledaagse is wat uit deze plant-stillevens spreekt.

Eenzelfde uitstraling kenmerkt de stillevens van objecten, die veelal een plek hebben in Frima's atelier of naar binnen zijn gehaald. Pompoenen in de herfst met onregelmatige ronde, oranje vormen vinden een plek op een schilderskruk of aan touwtjes voor een roestige plaat.

In *De drie gratiën*, 2000 hangen drie pompoenen ieder aan een touwtje voor een ijzeren plaat, die op zijn beurt ook aan touwtjes is opgehangen. De roodbruine kleur van de middelste pompoen vinden we terug in de roestkleur op het ijzeren vlak. De gele kleur van de vruchten links en rechts verbindt deze met elkaar, waardoor het drietal een eenheid vormt en niet als een rijtje naast elkaar hangt.

De vruchten zijn klein en misvormd, het paktouw is rafelig, de ijzeren plaat afgebladderd en roestig. Een strak in de verf zittende donkerrode buis, waar de touwtjes aan vastgemaakt zijn, doorkruist het beeld en vormt een tegenhanger tegenover de objecten in verval.

De voorwerpen die Frima in haar atelier schildert, zijn niet mooi, niet waardevol, maar wel interessant. Ze hebben een verleden, zijn doorleefd. Vanuit de ervaring dat eenvoudige dingen mooi kunnen zijn, worden ze uitgekozen. De schildersezel, uitgeknepen tubes verf, een groentekistje of een gebruikte kwast, het is allemaal de moeite waard.

Frima schildert haar doeken nat in nat met olieverf zonder glaceringen. Ze begint met een eenvoudige opzet en vervolgens schildert ze een schematische ondergrond. De laatste lagen worden met het penseel opgebracht.

Ze voelt zich vrij tijdens het schilderen. Het liefst maakt ze geen tekeningen van wat ze wil gaan schilderen, want dat neemt de spontaniteit weg: het is al een keer verbeeld, een tweede keer is minder boeiend.

Ook ontleent ze haar ideeën aan wat ze in een eerder schilderij heeft moeten weglaten. Ze zoekt naar gevarieerdheid en tegenstellingen. Is de ene keer haar onderwerp binnen gevonden, de volgende keer zoekt ze iets buiten. Niet alles wat ze aan ideeën heeft, kan ze schilderen. Er zijn er zoveel, dat het onmogelijk is ze allemaal uit te werken; 'en dat is eigenlijk jammer'.

1 Gegevens in dit artikel zijn ontleend aan een telefonisch interview met de kunstenares door de auteur d.d. 16 januari 2001

De drie gratiën, 2000
olieverf op doek,
60 x 80 cm
ING Collectie,
Amsterdam

In het koele licht van de lente, 1996
olieverf op doek,
100 x 150 cm
Particuliere collectie

De ontvanger, 1996
olieverf op doek,
49 x 75 cm
Particuliere collectie

De trechtervormigen,
1997
olieverf op doek,
80 x 125 cm
Collectie F.W.
Huibregtsen

Maïshalm, 1993
olieverf op doek,
160 x 30 cm
Collectie Jaap Zijlstra

Joke Frima

Pompoenplant, 1997
olieverf op doek,
85 x 125 cm
Particuliere collectie

De lotusvijver, 1998
olieverf op doek,
95 x 225 cm
Particuliere collectie

Maïsveld, 1995
olieverf op doek,
120 x 80 cm
Collectie Unilever
Nederland BV,
Rotterdam

Pompoenplant verscholen onder de heg, 1996
olieverf op doek,
90 x 130 cm
Particuliere collectie

Herman Gordijn (1932)

'Het gaat om de intensiteit van de emotie, niet om de emotie zelf.'

Herman Gordijn heeft naam gemaakt als één van de belangrijkste vertegenwoordigers van de figuratieve schilderkunst van na de Tweede Wereldoorlog. Hij heeft zijn bekendheid in eerste instantie gekregen met schilderijen van indrukwekkende grote en lelijke vrouwen. Het zijn hoeren, vrouwen aan de thee, in de kroeg, op straat of in de tram. Gordijns eerste werken ontstonden in de tweede helft van de jaren vijftig. De schilderijen van prostituees zijn gebaseerd op herinneringen uit zijn jeugd in Den Haag. Het was een volstrekt andere wereld dan waarin hij opgroeide en dat fascineerde hem. Die herinneringen koppelt hij aan de spontaniteit en naïviteit van de jeugd en verbeeldt dat in zijn werk.

Hoer met cyclamen II, 1985-1988 is de tweede versie van een eerder schilderij dat hij in 1959 maakte en dat geïnspireerd was door onuitwisbare indrukken uit zijn jeugd. Het toont een reusachtige vrouw met diep décolleté, die bezig is haar kousen aan te trekken. Een grote cyclaamplant staat voor het raam. In deze nieuwe versie heeft Gordijn vooral de monumentaliteit benadrukt van de vrouw, niet alleen door het grote formaat van het doek maar ook door aanpassingen aan haar uiterlijk. De vormen zijn gladder en ronder geworden. Op de achtergrond is het perspectief verdwenen en zijn de vlakken vereenvoudigd tot kleurvlakken. Op het witte kaartje dat aan de cyclaam is gebonden, verwijst de schilder naar zijn eerdere versie met 'Herman Gordijn 1959'. Dit schilderij toont dat de jeugdherinnering aan deze vrouw aan kracht niets heeft verloren, maar dat de tand des tijds hem anders doet verbeelden.

Naast jeugdherinneringen doet de schilder ideeën voor zijn onderwerpen op doordat een bepaalde gebeurtenis, ontmoeting, een bepaalde lichaamshouding, de sfeer van een straat of landschap hem treft. Vanaf 1960 woont Gordijn in Amsterdam. Lopend door de stad of reizend met de tram maakt hij schetsen en notities van wat hem frappeert. 'Amsterdam is de confrontatie met het werkelijke leven en met andere mensen en misschien ook wel met jezelf.'[1] Bij deze emotionele beleving moet zich een beeld aandienen. 'Het is voor Gordijn van belang dat de subjectief ervaren gevoelens gestalte krijgen en zich kunnen ontwikkelen in een vorm die ook voor een breder publiek zeggingskracht bezit.'[2]

Gordijns schilderijen hebben vaak titels die naar specifieke plekken in de stad verwijzen. *Aan de Amstel*, 1960 is een schilderij waarop een jongen in een openbaar urinoir staat afgebeeld half met de rug naar de toeschouwer gekeerd. Zijn geblondeerde haar, de strik op zijn rug en zijn puntige schoenen geven hem iets verwijfds dat sterk contrasteert met het harde rimpelige gezicht, de grove hand die het krijtje vasthoudt en het gebaar waarmee hij zijn broek open knoopt. Dit contrast wordt versterkt door de ruwe muur van het urinoir en het gladde patroon van het rooster en de rivier in de verte. Door de overdrijving maakt Gordijn er bijna een karikatuur van, maar hij weet dit te vermijden door de intensiteit waarmee hij het beeld heeft geschilderd.

Hoewel een zekere overeenkomst valt te ontwaren met het werk van Pyke Koch, waar het gaat om de sfeer die het werk uitstraalt, ontbreekt bij Koch deze nadruk op de tegenstellingen in het beeld.

Het portret van de hoogzwangere *Agnes Kossmann*, 1976 toont een door het perspectief van de kamer buitenproportioneel groot lijkende vrouw. Ze staat op hoge blokhakken, omgeven door drie zwarte katten. Zacht licht valt naar binnen en vult de kamer met een warme gloed. De rivier in het landschap achter het raam volgt de lijn van de buik van de vrouw, waardoor deze nog eens extra wordt benadrukt.

De voorstelling is vergelijkbaar met het schilderij van Jan van Eyck, *Madonna in de kerk*, 1425-1427.[3] De associatie wordt versterkt, doordat de katten in verband kunnen worden gebracht met Maria.

In die zin kan het portret als een hommage aan het moederschap gezien worden. Opvallend echter is de trouwring aan de rechter- en de sigaar in de linkerhand. Gezien de periode waarin het schilderij is gemaakt, 1976, de periode van het feminisme, kan men er een verwijzing in zien naar enerzijds de traditionele rol van de vrouw in het huwelijk en anderzijds haar streven het traditionele vrouwbeeld te doorbreken.[4]

In Gordijns recentere werk worden de vrouwenfiguren en de omgeving niet meer gedetailleerd weergegeven, maar zijn ze geabstraheerd. In plaats van excentrieke vrouwenmodellen, zoals Lida Polak, Lies van Collum en Mona schildert hij nu anonieme figuren.

Het spel van compositie, lijnen en kleur krijgt meer dan voorheen de nadruk. Ook treden surrealistische elementen sterker op de voorgrond. Waren eerder het onderwerp èn het gevecht met de materie aanleiding om te schilderen, nu overheerst het laatste en is het onderwerp slechts nog een aanzet daartoe.

In *Eemnes II*, 1991 zit een jongetje op de fiets tussen de benen van een groter figuur, waarvan we alleen het ondertorso en de bovenbenen zien. Het gezichtje van het kind is verborgen achter de klep van zijn pet en zijn handjes. Het stuur van de fiets en de fietslamp zijn als zodanig herkenbaar, maar hoe het kind en de grotere figuur op de fiets zitten, is onduidelijk. Hoewel de werkelijkheid uitgangspunt is van het schilderij is het een nagenoeg abstracte compositie van lijnen en kleurvlakken. In vergelijking met het vroegere werk zijn de kleurvlakken licht, genuanceerd en beperkt in aantal. Het gaat Gordijn hier dan ook in de eerste plaats om de wijze waarop het werk geschilderd is en veel minder om de voorstelling. Hierover heeft hij eens naar aanleiding van het werk van Dick Ket gezegd: 'Toch hou ik meer van Cézanne dan van Dick Ket. Bij Dick Ket moet ik altijd nog door het plaatje heen kijken om te zien waar het om gaat. En dat is hoe het geschilderd is'.[5]

Iets vergelijkbaars zien we in het werk *Leidsegracht*, 1996. In het water drijven twee naakte vrouwen, terwijl een derde in het water staat.

De stad Amsterdam heeft zijn herkenbaarheid verloren, details zijn weggelaten. De gebouwen en het bruggetje zijn tot een decor verworden. Gordijn heeft hier een surreëel beeld geschapen, waarin dode mensen als geesten de stad lijken te bevolken. De voorstelling is een compilatie van beelden, die de kunstenaar op het doek tot een geheel heeft samen gesmeed. In die tijd waren net drie dierbare vriendinnen van hem overleden. Bovendien had hij op de televisie beelden gezien van rivieren vol lijken. Tijdens het scheppingsproces hadden deze beelden zich getransformeerd tot dit schilderij.[6]

Een voorlopig hoogtepunt in het oeuvre van de kunstenaar is een tentoonstelling in 1997 in het Amsterdams Historisch Museum, waar hij 'Het Amsterdam van Herman Gordijn' exposeerde. De binnenstad van Amsterdam was het decor voor zijn schilderijen, etsen en tekeningen, waarin hij zijn voorkeur voor ongebruikelijke onderwerpen heeft gehandhaafd, maar ze nu in een veel gestileerdere stijl weergeeft.

Gordijn maakt ter plekke schetsen van de dingen die hem treffen. Na de schetsen maakt hij tekeningen, waarin hij thema's uitwerkt. Daarvan maakt hij een kleurstudies op fotokopieën van lijntekeningen in telkens andere kleurstellingen. Tegenwoordig gebruikt hij daarvoor ook de computer. Het beeld moet uiteindelijk overtuigen en de anekdote overstijgen. Het gaat hem om 'de intensiteit van de emotie, niet om de emotie zelf'.

1 Hans Sizoo, Annemarie de Wildt, *Het Amsterdam van Herman Gordijn*. Haarlem, 1997, p.13
2 Dick Adelaar, 'Het samenspel tussen vorm en inhoud' in: *Herman Gordijn*. Amsterdam, 1988, p.3
3 Dick Adelaar, op. cit. (zie noot 2) p.40
4 Dick Adelaar, op. cit., p.41
5 Betty van Garrel, 'Badend in onaards licht', *NRC Handelsblad*, 27 november 1992
6 Hans Sizoo, op. cit. (zie noot 1), p.27

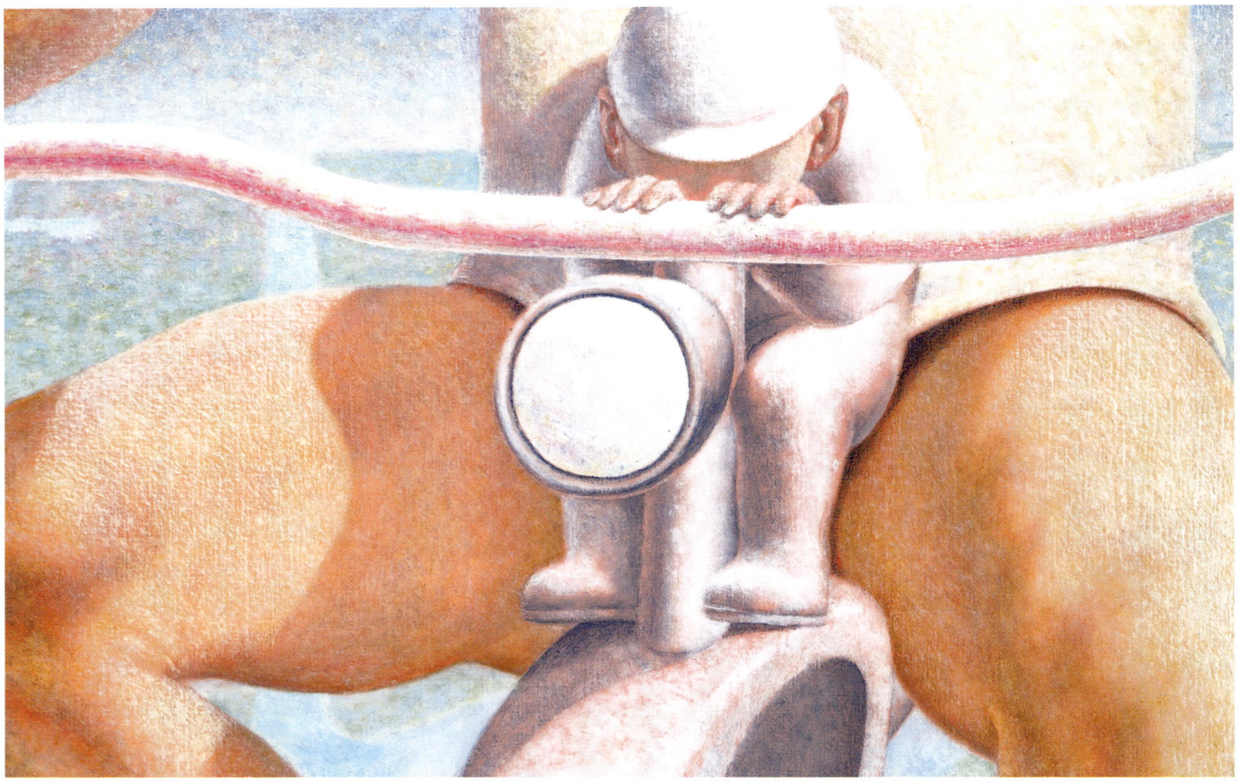

Eemnes II, 1991
olieverf op doek,
65 x 100 cm
Collectie Beeldentuin
De Tienhof, Tienhoven

Jetses, 1985-1988
olieverf op doek,
200 x 160 cm
Particuliere collectie

Agnes, 1976
olieverf op doek,
150 x 150 cm
Particuliere collectie

Hoer met cyclamen II,
1985-1988
olieverf op doek,
200 x 160 cm
Particuliere collectie

Leidsegracht, 1996
olieverf op doek,
120 x 100 cm
Collectie
Amsterdams
Historisch Museum

Brouwersgracht, 1996
olieverf op doek,
120 x 100 cm
Collectie
Amsterdams
Historisch Museum

Aan de Amstel, 1960
olieverf op doek,
140 x 70 cm
Collectie kunstenaar

Kenne Grégoire (1951)

'Ik probeer spanning in het werk te creëren door vreemde standpunten ten opzichte van het onderwerp in te nemen of het perspectief te manipuleren.'

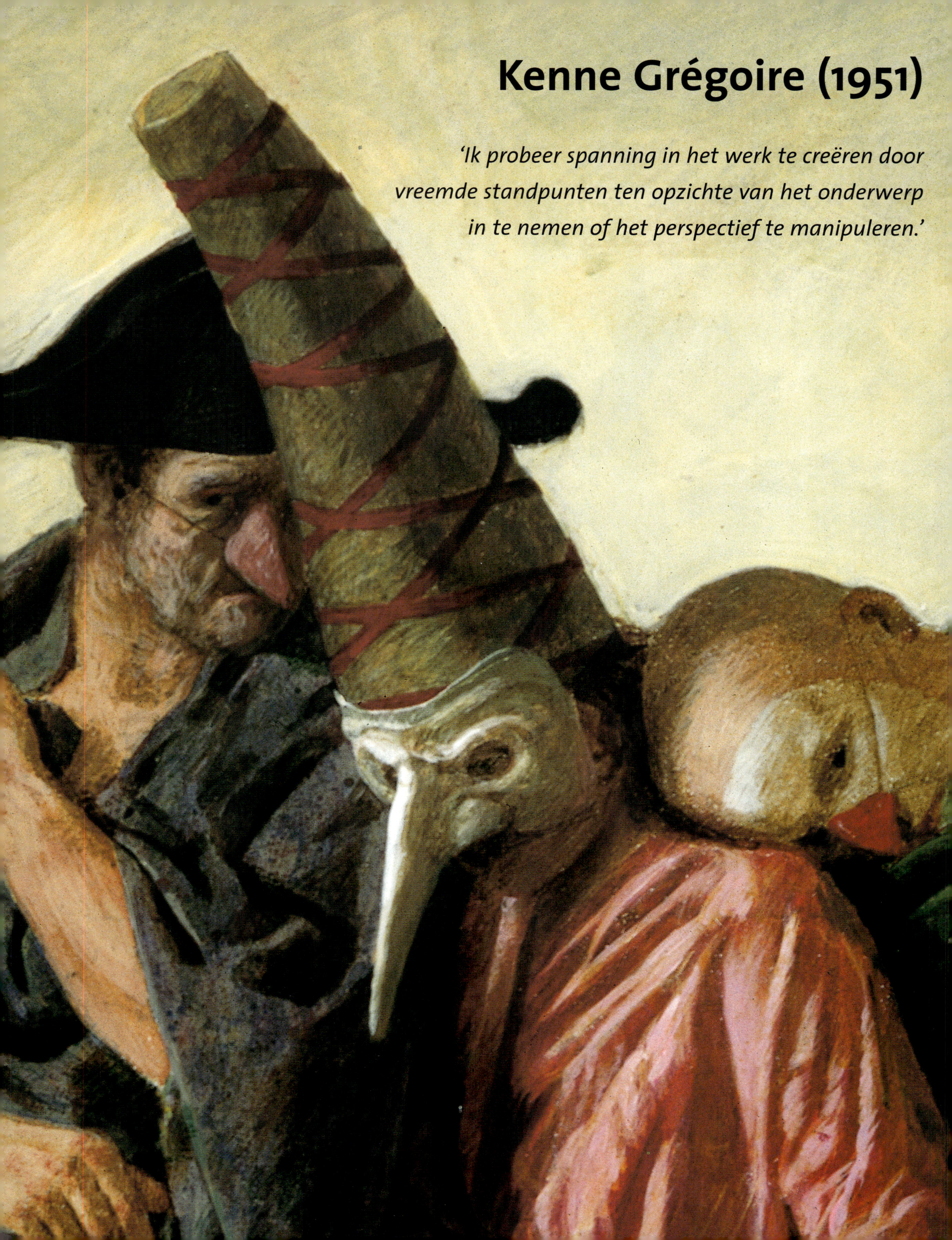

Voor Kenne Grégoire ligt de uitdaging van het schilderen in het scheppen van illusie en schoonheid.[1] De illusie wekken dat een plat vlak plastisch lijkt, is een steeds terugkerend element in zijn stillevens. De voorstelling komt als het ware uit zijn lijst naar voren en is bijna tastbaar aanwezig.

Met emaille kommen en kannen, glazen en flessen, fruit en allerlei stoffen stelt hij op het doek of paneel zijn stillevens samen. Niets is nieuw. De dingen zijn beschadigd, gedeukt en roestig. Ze hebben een leven achter de rug en dat straalt van ze af. Maar tevens zijn het neutrale objecten. Iedereen kan ze gebruikt hebben.

Voor de ondergrond gebruikt Grégoire vaak een oud tafelblad of een oude houten plaat vol verfvlekken en kieren. Hij schuurt deze glad en schildert daar zijn voorstelling op, zodat de oude verflagen een rol spelen binnen de voorstelling.

De standpunten waaruit het beeld wordt geschilderd, verschilt per werk. Sinds drie jaar gebruikt hij regelmatig meerdere perspectieven in de voorstelling.

Stilleven met Sissi, 2000 verbeeldt een compositie met flessen, potten, een bord, fruit en een tablet chocolade met een Sissi en Franz wikkel. In de voorstelling zijn geen verdwijnpunten. Men kijkt tegelijkertijd van bovenaf, zie de halzen van de flessen, en recht tegen de voorwerpen aan. 'Ik probeer de toeschouwer met nieuwe ogen naar het onderwerp te laten kijken, waardoor de relatieve neutraliteit van de voorstelling een nieuw soort aandacht krijgt. Banale onderwerpen kunnen daardoor een extra dimensie suggereren.'[2]

Het surrealistische element is in Grégoires werk duidelijk aanwezig, niet alleen in het dubbele perspectief, maar ook in de compositie. Magritte is dan ook één van de door hem bewonderde schilders.

Het surrealistische element zit in *De berg*, 1996 in zijn compositie. Op een hoog tafeltje, omwikkeld met stoffen, staat een verzameling flessen en kannen. Ieder object is beschadigd, geroest of afgeleefd. Het geheel vormt een wankele stapeling, die als een berg oprijst vanaf de vloer. Deze is op dezelfde manier geschilderd als de Vlaamse schilders dat in de dertiende en veertiende eeuw gewend waren, namelijk 'naar boven' lopend. Het gevoel van vervreemding dat de toeschouwer bekruipt bij het beschouwen van dit schilderij roept een spanning op, waardoor we blijven kijken.

De stoffen en de planken vloer roepen een illusie van 'net echt' op, zoals we dat kennen bij kunstenaars uit de zeventiende eeuw. De perfecte wijze waarop zij de stof van objecten konden weergeven, spreekt Grégoire erg aan. Ook hij gebruikt graag een goede stofuitdrukking om de illusie van driedimensionaliteit te scheppen, de toeschouwer te verleiden en het oog te bedriegen. Trucs gaat hij daarbij niet uit de weg.

Maria M. heet het schilderij uit 1999. Tussen het samengebonden laken zien we een vrouwenportret. Het schilderij is schijnbaar oud en zit vol craquelure.

Uitgangspunt voor de schilder was het laken als pakmateriaal, waarin een oud schilderij gewikkeld moest worden, waarna hij zich de vraag stelde welk er in moest. Uit een boekje over Titiaan dat hij ooit eens op de rommelmarkt had gekocht, ontleende hij een detail van een schilderij. Het hoofd van de figuur uit dit schilderij heeft hij uitvergroot. Het gezicht kijkt door de opening.

Om te voorkomen dat het gezicht plastisch ging werken en als het ware naar voren zou komen, heeft de kunstenaar het de illusie van twee-dimensionaliteit gegeven door met een technische truc craquelure onder de voorstelling aan te brengen. Het gezicht is heel dun geschilderd, zodat de craquelure er doorheen schijnt.

Het oog van de toeschouwer wordt nog verder bedrogen. De lijst is met de voorstelling mee geschilderd en is daarmee onderdeel van het paneel. De illusie van echt, net echt en niet echt is hiermee volledig.

Grégoire schildert naast stillevens ook gebouwen, landschappen en theatervoorstellingen uit de Commedia dell'arte. In zijn schilderijen vinden we invloeden terug van diverse klassieke meesters, niet alleen de Hollandse, maar ook de Italiaanse, zoals Piero della Francesca, Giotto en Paolo Ucello en moderne kunstenaars, zoals Dick Ket en Matthijs Röling.

Tijdens reizen naar Italië maakte Grégoire kennis met de Commedia dell' arte. Deze vorm van theater biedt hem de gelegenheid om mensen te schilderen. Ter voorbereiding maakt hij foto's van mensen, die hij in een bepaalde compositie plaatst. Tijdens het schilderen krijgen ze kostuums, worden ze jong of juist oud gemaakt, kunnen mannen vrouwen worden of omgekeerd. Door de kostuums die ze dragen, worden ze met elkaar verbonden en kunnen ze een bepaalde theatrale houding uitdrukken, die bij hun rol past.

Figuren uit de Commedia dell' Arte gekleed in bonte kostuums, gemaskerd of geschminkt, vormen een tableau vivant in *Privé terrein*, 1995. Ze dragen prachtige kleding in bonte kleuren. Toch ontbreekt de feestelijkheid. De voorstelling krijgt door het harde licht dat van links valt en doordat de figuren van elkaar geïsoleerd zijn iets treurigs. De figuur vooraan die ons aankijkt, heeft met zijn trieste gezicht en blote voeten zelfs iets ontluisterends.

Grégoire schildert een wereld die aan het uitsterven is: de clowns, de narren, de komedianten die met oude circusjes of tenten van dorp naar dorp reizen.

Deze schilderijen zijn veel bonter van kleur dan de stillevens, maar ondanks hun kleurenrijkdom stralen de beelden niet alleen schoonheid, maar ook treurnis en tekenen van verval uit. '(...) in de Commedia dell'arte vond ik de kapstok voor schilderijen waarin ik alle emoties kan tonen en waarin ik allerlei mensen bij elkaar kan brengen. Een wereld van verdriet en melancholie, maar ook een spiegel van onszelf, een wereld van pijn, van verloren geluk dat uit je handen wegglipt.'[3]

Het leven lijkt een feest, maar is het vaak niet. 'De mensen hebben wat meegemaakt. Zij zijn verveeld, eenzaam, rusten uit, willen zich onttrekken aan de voorstelling of leggen het hoofd op een schouder, maar *the show must go on, the party isn't over yet*.'[4]

Grégoire schept in zijn werk de schoonheid van de voorstelling, maar confronteert ons tegelijk met de vergankelijkheid van deze illusie in het voortgaan van de tijd.

In *Hete lucht boven Madrid*, 1990 is een deel van gevels van barokke gebouwen afgebeeld. Het marmer is zwart uitgeslagen vermoedelijk door de uitlaatgassen van de vele auto's die in de stad rijden. Een fleurig groot bord, keurig verlicht, hangt op de voorgevel en benadrukt de smoezeligheid van het steen. Op de gevel links staan nog de resten van een tekst in neon met daartussen een voddig stuk laken, dat uit het raam hangt. Tegenover de treurigheid van de gebouwen en hun vergane glorie staan de heldere lucht en de luchtballon die als een vrolijke noot langs komt zweven.

Geluk en verdriet, schoonheid en lelijkheid gaan hand in hand.

1 Gegevens voor dit artikel zijn ontleend aan een gesprek met de kunstenaar door de auteur d.d. 12 maart 2001

2 Geciteerd uit de schriftelijke reactie van de kunstenaar op dit artikel d.d. 14 maart 2001

3 Henk van der Meyden, 'In de voetsporen van Fellini', *Telegraaf*, 23 juli 1994

4 op. cit. (zie noot 2)

Privé terrein, 1995
acryl op doek,
118 x 138 cm
ING Collectie,
Amsterdam

Burgers van Venetië,
1993
acryl op paneel,
59 x 53 cm
ING Collectie,
Amsterdam

Het late uur, 1995
acryl op doek,
98 x 128 cm
ING Collectie,
Amsterdam

Tussen gerechten,
1996
acryl op doek,
98 x 108 cm
ING Collectie,
Amsterdam

Stilleven met Sissi,
2000
olieverf op doek,
138 x 35 cm
ING Collectie,
Amsterdam

Hete lucht boven
Madrid, 1990
acryl op doek,
128 x 48,5 cm
ING Collectie,
Amsterdam

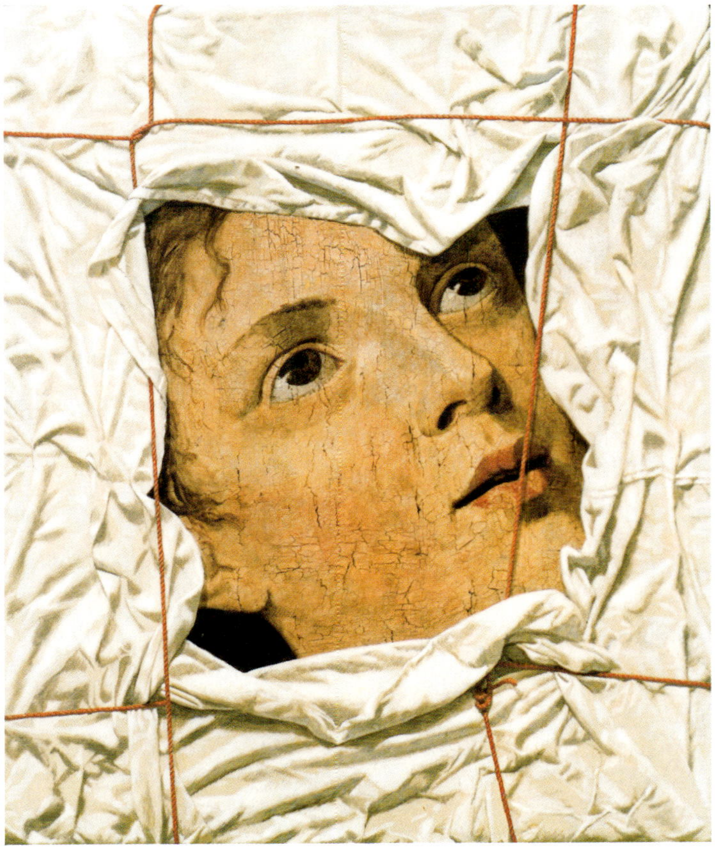

Maria M., 1999
acryl op doek,
130 x 101 cm
Collectie Houtman

De berg, 1996
acryl op doek,
140 x 60 cm
Particuliere collectie

Henk Helmantel (1945)

'Proberen te bereiken wat je voor ogen staat,
dat is eigenlijk zo'n groots avontuur,
dat je daar iedere keer weer naar terug verlangt.'

Henk Helmantel heeft in de loop der jaren een naam opgebouwd als schilder van stillevens en kerkinterieurs. Sinds de jaren zeventig zijn dit de thema's waarop hij zich concentreert. Hoewel hij in zijn stillevens beïnvloed is door met name zeventiende-eeuwse meesters als Willem Claesz. Heda, Jan Jansz. van de Velde en Pieter Claesz., zijn de werken toch totaal verschillend. De objecten die Helmantel schildert, beogen geen rijkdom en overvloed te tonen, noch hebben ze een diepere symboliek, zoals in de zeventiende-eeuwse stillevens.

De voorwerpen lijken tijdloos ook al zijn sommige duidelijk uit onze tijd, zoals een doosje lucifers of een boek van een hedendaags schrijver of de rode tas in *Stilleven met rode tas*, 1998. Verschillende objecten en etenswaren zijn hier uitgestald op een tafel die als een horizontale lijn door het doek loopt. Zij zijn zo neergezet dat er een evenwichtige compositie van vormen en kleuren ontstaat, terwijl helder licht van rechts valt.

De voorwerpen op dit stilleven zijn allemaal oud, gebruikt en soms bijna versleten. Het liefst werkt de schilder met dingen die iets meegemaakt hebben. De huid van het object wordt er alleen maar mooier van vindt hij. Zonodig zet hij de dingen naar zijn hand en beduimelt en bekrast ze zelf. Ook het geschilderde fruit heeft meestal iets van donkere plekken, vraat of andere oneffenheden.

In *Stilleven met pruimen en Spaanse kan*, 1991 hebben alle pruimen plekjes of bezitten nog hun steeltjes, waardoor de ronde vormen hun gladheid verliezen. Hetzelfde gebeurt met de ronde schaal, waarin de pruimen liggen. Een brede barst overdwars doorbreekt de gladde strakke vorm. Ook de witte kan heeft allerlei kleine beschadigingen, subtiel alsof het zo hoort. De pruimen, de kan en de schaal zijn tot in detail uitgewerkt. De overige delen zijn met brede kwast of paletmes aangebracht.

De schilder schept zorgvuldig zijn eigen compositie van objecten om uiteindelijk een beeld van harmonie te creëren. Het gaat hem hierbij om abstracte waarden als compositie, lijn, kleur, vorm en samenhang. 'Het thema stilleven is voor mij een onuitputtelijke bron die mij voortdurend aanzet tot het maken van *alweer* een schilderij of paneel met één enkel of vele voorwerpen. Het zoeken naar de onderlinge band en de harmonie tussen de verschillende zaken die je neer kunt zetten of leggen, blijft een spannende bezigheid, waarbij ik alle ruimte krijg of schep om mijn opvattingen aangaande de abstracte waarden binnen mijn realistische manier van schilderen, vorm te geven.'[1]

Op een paneel uit 1997 heeft Helmantel *Chinese bronzen voorwerpen* afgebeeld: vijf objecten op een strakke rij geplaatst. Het materiaal is hetzelfde, alleen de vorm verschilt. De compositie, de lichtval en het uiterst genuanceerde gebruik van grijs- en wittonen in de grote vlakken geven dit doek een bijzondere uitstraling. De bronzen objecten lijken op Chinese karakters op een wit vel. Het schilderij heeft een vergelijkbare verfijnde en subtiele uitstraling.

'Voor mij is het een uitdaging om een stilleven boven het gewone, het dagelijkse uit te tillen.' 'Ik beschouw het als een innerlijke noodzaak te volharden in het speuren naar gezichtspunten die aansluiten bij bepaalde aspecten van de schoonheid, harmonie en poëzie van de scheppingen der cultuur', aldus de kunstenaar.[2]

In zijn schilderijen uit de jaren zeventig plaatste Helmantel de objecten nog gecentreerd in het midden van het beeld. In deze vlakverdeling en standpuntkeuze is duidelijk de invloed van Dick Ket herkenbaar.[3] In de loop van de jaren tachtig breidt zijn onderwerp zich horizontaal uit over het hele vlak en worden de schilderijen bijna allemaal liggend.

Ook de lichtval verandert geleidelijk in Helmantels werk. Eerst valt het licht gelijkmatig neutraal over de hele compositie en krijgen alle objecten evenveel aandacht, later ontstaat er meer clair-obscur en komen één of enkele voorwerpen centraal te staan door de plaatsing binnen de compositie of door extra belichting; er ontstaat een duidelijker keuze tussen hoofd- en nevenonderwerpen.

In *Stilleven met doofpot*, 1993 staat een fles uitgelicht in het midden van het beeld. Onze blik vestigt zich als eerste daarop. Daarna komen de andere objecten in beeld met de doofpot als donkerste voorwerp het laatst. Toch verwijst de titel juist daarnaar.

Helmantel voelt zich geen zeventiende-eeuwer, eerder een laat-negentiende-, begin twintigste-eeuwer. Het scheppen van schoonheid is voor Helmantel het doel van zijn schilderen. 'Echt iets nieuws maken doe ik niet, alles is al eerder gedaan. Mijn ambitie is om schilderijen op hoog niveau te maken waarin toch weer een persoonlijk accent valt waar te nemen, waardoor er sprake is van iets Helmantel-achtigs.'[4]

De kunstenaar houdt van klassieke meesters, kijkt vaak naar hun werk, koopt werk van collega's en komt er zonder meer voor uit dat hij door anderen beïnvloed wordt. Hun werk vormt een rijke voedingsbodem voor zijn eigen schilderijen.

De schoonheidsbeleving die Helmantel in zijn stillevens vast legt, schept hij ook in kerkinterieurs van gotische en romaanse kerken. Het thema is gebonden aan Helmantels geloof: hij zoekt ruimtes die soberheid en sereniteit uitstralen. 'Misschien moet je het schilderen van kerkinterieurs vergelijken met het verbeelden van het meest nederige (...).'

De middeleeuwse gebouwen hebben muren met rondbogen of spitsbogen, witgestuckte muren, vaak een kruisvorm en ramen in diepe nissen ingebouwd. Fijne kleurnuances worden gebruikt om de ruimte te verbeelden en er een ritme in aan te brengen. Door de manier waarop Helmantel de interieurs schildert, ontstaan er tegenstellingen tussen licht en donker, voor en achter, rust en beweging, ritme in de bogen en ramen; alles gevat in volledig evenwicht.

In deze interieurs vindt geen enscenering plaats, zoals in de stillevens, maar wel wordt waar nodig wat geschoven of weggelaten. De ruimtes schildert Helmantel op zijn atelier uit zijn herinnering aan de hand van tekeningen.

In *De Grote Kerk in Monnickendam*, 1988 zijn de wanden in ritmische vlakken opgedeeld: links door de ramen, rechts door de zuilen, boven door de balken, de achterwand door de ondiepe nis en de vloer door het tegelpatroon. De kroonluchters breken het brede middenvlak van de balken in verticale lijnen. Het licht valt getemperd door de ramen naar binnen en accentueert de breking van de vlakken. Het getemperde licht en het ritme van de verticale en horizontale lijnen roept een serene rust op, waarvan de stilte net zijn zwaarte verliest door de vrolijke rode bank.

Helmantel lijkt hier deels schatplichtig aan Mondriaan, wiens strakke opvattingen over het evenwicht tussen horizontalen en verticalen en de relatie tussen het licht en het object hem boeien.

In die zin is Helmantel een eigentijds schilder. 'Overigens ben ik evenzeer een kind van mijn tijd als ieder ander. Het twintigste-eeuwse denken over schilderkunst zit in mij, dat is onvermijdelijk. Dat betekent dat er in mijn werk ook veel abstracte waarden zitten. (...) Het protestantisme heeft ons geleerd het alledaagse, de eenvoudige dingen van het leven, optimaal te waarderen. Dat geldt ook voor mensen die het geloof reeds lang hebben afgelegd. De invloed ervan in het denken kan zich lang handhaven.'[5]

1 *Realisten 1999: Tobias Baander ... Kik Zeiler*, Amsterdam, 1999, p.58
2 Hans Redeker, *20 jaar Nieuwe Realisten*, Amsterdam, 1982, p.29
3 Willem J. Meijer, 'Helmantel en de traditie', *Henk Helmantel*, Groningen, 1988, p.48
4 Geciteerd uit een schriftelijke reactie van de kunstenaar op dit artikel, 15 maart 2001
5 Raymond Bouwman (red.), *30 jaar realisten*, Amsterdam, 1992, p.56

Groentestilleven, 1985
olieverf op masoniet,
122 x 158 cm
Collectie kunstenaar

Stilleven met doofpot,
1993
olieverf op masoniet,
103 x 83 cm
Collectie kunstenaar

Chinese bronzen voorwerpen, 1997
olieverf op masoniet,
122 x 230 cm
Collectie kunstenaar

De Pieterskerk in Utrecht, 1993
olieverf op masoniet,
200 x 122 cm
Collectie kunstenaar

Stilleven met rode tas, 1998
olieverf op masoniet, 122 x 180 cm
Collectie kunstenaar

Stilleven met pruimen en Spaanse kan, 1991
olieverf op masoniet, 85 x 80 cm
Collectie kunstenaar

De Grote Kerk in Monnickendam, 1988
olieverf op meubelplaat, 192 x 153 cm
Collectie kunstenaar

Theo l'Herminez (1921-1997)

'Nog steeds hoop ik iets moois te maken.
Je begint altijd iets verder te graven,
altijd strevend naar verbetering en vernieuwing.'

'De onderwerpen voor mijn schilderkunstige pogingen zijn voornamelijk mensen. In het bijzonder vrouwen. En in die beperkte groep weer een bepaald soort vrouwen. (...) Ik schilder alleen vanuit mijn fantasie. Geen modellen. Geen bestaande personen.'[1]

De inspiratie bij Theo l'Herminez ontstond in korte ontmoetingen met of indrukken van mensen die als een echo in zijn hoofd gingen werken. Zijn schilderijen zijn studies van de mensen om hem heen. Ze zijn ook een deel van hemzelf, een weerspiegeling van zijn karakter die in de personages is terug te vinden. In die zin beschouwde l'Herminez ze ook als een soort zelfportretten en kunnen we in bepaalde gezichten zijn gelaatstrekken herkennen. l'Herminez schiep dus beelden die uit diverse bronnen werden samengesteld.

Hij schilderde mensen niet alleen van de zonnige zijde, maar zag ook hun negatieve kanten. 'Vaak maakt het je een beetje cynisch, daar komt ook het cynisme en de melancholie in mijn werk vandaan.'

In *De afdaling*, 1997 zijn drie vrouwen afgebeeld, die een trap aflopen. Zij zijn feestelijk gekleed met diepe décolletés, mooi opgemaakt en zelfbewust van hun vrouwzijn. Maar de lichte vertekening van het gezicht en de fel opgemaakte ogen geven hun uiterlijk iets karikaturaals. Over dit schilderij schreef l'Herminez: 'Afdaling. In dat woord (...) zit iets van het tragische dat ik nou eenmaal voel als ik met die vrouwen bezig ben. Ik ben gevoelig voor het gevoel van die vrouwen zelf om zo sexy en aantrekkelijk voor de dag te komen. Maar ik voel tegelijkertijd de ellende van de aftakeling (...)'.[2]

De vrouwen bij l'Herminez staan monumentaal in het beeldvlak. Ze zijn opgebouwd uit sculpturale vormen en geplaatst in een rustige omgeving zonder al te veel details, waardoor alle aandacht naar de personen uitgaat. Door de karikaturale vertekening van de anatomie wordt de werkelijkheid verhard, verstild en vervreemd. Het menszijn wordt zodoende benadrukt. 'Het gaat (...) niet om mooi of lelijk. Ik schilder mensen waar het leven overheen is gegaan. Het karakter is belangrijk.'[3]

Tegenover de schoonheid, elegantie en gladde vacht van de kat staat het uiterlijk van de vrouw in *Vrouw met sigaret en kat*, 1991. Zij kan haar uitgezakte borsten en rimpelig gezicht niet meer verhullen ondanks haar kokette houding. Onze blik ketst af op de koele schoonheid van de kat en blijft hangen bij de vrouw. Cynisme en melancholie lijken te overheersen, maar bij nadere beschouwing toont het schilderij meer emotie. In haar ogen toont zich haar kwetsbaarheid die zichtbaar is door het uiterlijk heen, dat ze zich met kleding en make-up heeft aangemeten. 'Een pantser van jeugd en een zekere frivoliteit dat de tekenen van verval en naderende ouderdom niet kan verhullen. Dat is exact wat mij zo fascineert. Niet de standaardschoonheid die in elk modeblad terug te vinden is, maar de schoonheid en kwetsbaarheid die diep van binnen zitten en ondanks het aangebrachte pantser toch naar buiten weten te breken.'[4]

Toch is er meer te zien dan l'Herminez hier betoogt. In de schildering van deze kokette vrouw en in die van anderen kunnen we ook de genotzucht van de blik van de schilder zien, de wellust van sommige van zijn figuren en de preutsheid die zij opwekken bij de toeschouwer.[5]

De schikgodinnen, 1995 zijn drie vrouwen die door het leven getekend zijn en toch proberen hun uiterlijk zo flatteus mogelijk te tonen. Maar de tijd laat hun rimpels zien hun jurken en hangen in plooien om hun lijf alsof het hun oude vellen zijn. Het stukje ontbloot been van de vrouw links is zo miniem dat het niemand meer kan opwinden. De drie schikgodinnen als Griekse mythologische figuren vertegenwoordigen het onafwendbare noodlot van de dood die reeds voorbeschikt is vanaf de geboorte.

Ook in dit schilderij ontbreken details en is de achtergrond egaal van kleur. Het gaat de schilder om de intensiteit van de figuur, niets mag de kijker daarvan afbrengen.

De kunstenaar beoogt in zijn werk een bepaalde expressie tot stand te brengen, een spiritueel gevoel op te roepen. 'Schilderen is (...) altijd een uitdaging die de kans biedt om zichtbaar te maken wat niet uitgesproken kan worden.' In die zin vertoont het werk verwantschap met het magisch realisme, met name van Pyke Koch. In thematiek en emotionele lading zijn er ook overeenkomsten met de schilders Otto Dix en Christian Schad van de Duitse Neue Sachlichkeit.

Party, 1986 is daar een goed voorbeeld van. De scherpe vertekening van de figuren geeft de voorstelling een harde, bijna kille uitstraling, zoals ook genoemde Duitse kunstenaars dat vaak toepasten. Een groep mensen houdt een staande receptie. Niemand communiceert met elkaar; iedereen kijkt een andere kant uit. De uitstraling van de figuren is even zielloos als hun conversatie. Alleen de man rechts achteraan kijkt de toeschouwer treurig aan. Het is de kunstenaar zelf.

Behalve vrouwen schilderde l'Herminez ook portretten en zelfportretten. *Zelfportret met Noesse*, 1995-1996 is eigenlijk een ode aan zijn gestorven kat. Net als alle vrouwenportretten ontstond ook dit schilderij van binnenuit naar een beeld dat binnenin hem leefde, zonder foto of model. l'Herminez legde uit in een brief van 2 mei 1997, waarom hij het uit zijn hoofd schilderde: '(...) want de vorm die ik tenslotte vind, ontstaat altijd uit een innerlijk conflict, een gevoel, een drang of hoe je het noemen wilt, maar in ieder geval van binnenuit. Daar kan ik absoluut geen model bij gebruiken'. Wel gebruikte hij in een latere fase foto's van zijn gestorven poes voor de tekening op het vel, omdat het om die ene kat ging en niet om een poes in het algemeen.

l'Herminez begon altijd met het maken van schetsen en geleidelijk ontstond een voorstelling die hij bleef corrigeren tot het beeld was ontstaan dat hij wilde schilderen. De voorstelling moest daarna alleen nog bijgeschaafd worden. Het was een soort eliminatieproces dat soms lang kon duren, omdat sommige elementen eruit moesten en andere er toch weer in. Uiteindelijk bleven er steeds minder oorspronkelijke details over. Zo ontstond de verstilde en zuivere compositie die hij altijd zocht.

In zijn latere werk werd de verf steeds schraler opgebracht. Zo is bij *De schikgodinnen* de onderrastering door de verf nog te zien.

Was het werk eenmaal gereed, dan werd het in de woonkamer gehangen om zeker te weten dat het 'af' was. 'Het uiteindelijk resultaat moet tenslotte perfect zijn, want bij elk schilderij denk ik 'dit zou wel eens het laatste kunnen zijn'.'[6]

1 Uit een ongedateerde notitie, archief ING Kunstzaken
2 Rutger Brandt e.a., *Theo l'Herminez. Verboden vruchten*, Amsterdam, 1999, p.106
3 Raymond Bouwman (red.), *30 jaar realisten*. Amsterdam, 1992, p.59
4 Rik Leeflang e.a., *ING collectie, een selectie*, Amsterdam, 1998, p.68
5 Estill Curtis Pennington, 'Een zijdelingse blik op het werk van Theo l'Herminez', op.cit. (zie noot 2), p.24
6 Rik Leeflang, op. cit. (zie noot 4)

Party, 1986
olieverf op doek,
89 x 134 cm
ING Collectie,
Amsterdam

Vrouw in leunstoel,
1996
olieverf op doek,
120 x 100 cm
Collectie E.V. Aremia

Vrouw met sigaret en kat, 1991
olieverf op doek,
101 x 121 cm
ING Collectie,
Amsterdam

Vrouw met gekruiste handen, 1996-1997
olieverf op doek,
105 x 70 cm
ING Collectie,
Amsterdam

De schikgodinnen,
1995
olieverf op doek,
106 x 130 cm
Collectie R.J.B. Brandt

Vrouw op stoel, 1996
olieverf op doek,
94,5 x 75 cm
Collectie Frisia
Museum, Spanbroek

De afdaling, 1997
olieverf op doek,
120 x 100 cm
Collectie Houtman

Zelfportret met Noesse, 1995-1996
olieverf op doek,
130 x 105 cm
Collectie Marit l'Herminez

Ans Markus (1947)

‘Ik schilder de vrouw die geraakt is door het leven en zich bewust wordt van haar mogelijkheden.’

In een vroeg werk *Zelfportret*, 1978 kijkt een mooie vrouw ons zelfbewust aan. Zij is gekleed in een zwarte jurk en draagt een zwarte hoed. Een dode, verdroogde roos hangt links in het schilderij naar beneden. Hoewel de liefde is verdord en zij hierom rouwt, toont de schilderes met haar directe blik naar de toeschouwer haar innerlijke kracht.

Typerend voor het werk van Ans Markus is dat zij haar kracht èn haar kwetsbaarheid durft te laten zien. Haar oeuvre is zeer persoonlijk. In haar vroegere werk heeft zij zichzelf als jonge vrouw in windsels gehuld of achter een masker verscholen om zich tegen de buitenwereld af te schermen, bang om te laten zien wie ze is en bang om gekwetst te worden.

Met haar ouders verhuisde zij van de Randstad naar een kleinburgerlijk Brabants dorp, raakte al op jonge leeftijd zwanger en trouwde een agressieve man in een slecht huwelijk.[1]

Zij bleef echter tekenen en nadat ze zich na jaren uit haar situatie had weten los te maken, begon zij haar carrière als professioneel kunstenaar om in haar onderhoud en dat van haar dochter te voorzien. Het thema van de windsels trad al snel voor het voetlicht. In de loop van haar huwelijksjaren had ze zich in zichzelf verstopt. 'Dat doet zo'n situatie met je; het gaat op je zitten, in je zitten, je gaat zelf ook denken dat er niets aan je deugt. Zo zijn de windsels op mijn schilderijen ontstaan, omdat ik me niet kon laten zien. Die verstopte figuur, dat ben ik.'[2]

Markus schildert om zich uit die omhulsels te bevrijden, om zich vrij te maken van haar gevoel van minderwaardigheid en van het niet kunnen communiceren met anderen. Het steeds terugkerend thema in haar schilderijen is de vrouwenfiguur, waarbij zij zichzelf of haar dochter Sigrid als model neemt. 'Ik schilder vrouwen die vrij willen zijn. (...) mijn werk raakt mensen die vrij willen zijn, maar dat niet zijn. En die vinden daar iets van terug in die schilderijen.'

In het schilderij *Vleugellam*, 1980 staat een vrouw met rafelige windsels om haar gezicht en bovenlichaam met een vogeltje in haar hand, zonder kop of snavel. Een vogel die niet kan zingen en niet kan vliegen, verfomfaaid, balancerend op de vingers van de hand van de vrouw. Deze voelt zich als de vogel: ze heeft geen stem om te praten en geen vleugels om te vliegen en vrij te zijn. De lucht symboliseert de vrijheid.

In zacht gouden en rode tinten heeft Markus *Zelfportret*, 1980 geschilderd. De ene vrouw zit wijdbeens voor ons met een zwart masker voor dat doet denken aan de Italiaanse Commedia dell' Arte. Zij kijkt naar het portret links van haar. Het gezicht van deze vrouw is in windsels verhuld. Beide vrouwen hebben het gezicht nog verborgen, maar ondanks het zwarte masker en de windsels hebben beide figuren iets gedecideerds en fiers. Kracht, maar ook angst, openheid, maar ook verborgen blijven achter de maskers, heden en verleden zijn hier samengebald tot één beeld.

De kracht van haar werk is dat zij in staat is persoonlijke emoties herkenbaar te maken voor een breed publiek. Niet alleen vrouwen herkennen zich in haar werk, ook van mannen kreeg en krijgt ze veel reacties.

De schilderijen van Ans Markus tonen ons vaak verstilde figuren in kille landschappen onder grijze luchten. De tijd is stil blijven staan. Niets beweegt. Zij gebruikt een sober palet om licht en donker te accentueren. Vaak worden monumentale gebouwen en elementen uit de klassieke oudheid afgebeeld. De invloed van Carel Willink is hierin herkenbaar. Evenals bij Willink scheppen de koele kleuren en naakte landschappen afstand, waardoor er een gevoel van vervreemding ontstaat.

Op het schilderij *De rode ballon*, 1982 loopt een vrouw naar de trap van een neo-klassiek gebouw. De deur staat open en de gordijnen zijn half open geschoven, maar het binnenste van het gebouw toont enkel zwarte duisternis. Er gaat een zekere dreiging vanuit. Door de rode ballon die zij in haar hand heeft en haar witte gewaad krijgt de vrouw iets onschuldigs, iets kwetsbaars. De tegenstelling tussen de in het wit geklede figuur met haar rode ballon en het ontoegankelijk ogende gebouw roept een geheimzinnige spanning op die verwantschap vertoont met het werk van René Magritte. Magritte is één van de kunstenaars die Markus bewondert en aan wie zij een hommage heeft gewijd.

Met haar serie hommages aan modern klassieke schilders uit het begin van de twintigste eeuw laat Markus ons haar bewondering zien voor haar voorgangers. In een serie dubbelportretten verbeeldt zij zichzelf naast een schilderij van degene die zij eert. De schilderijen zijn wat luchtiger en lichtvoetiger van toon, maar bevatten nog wel het persoonlijke element.

De kunstenares heeft diverse hommages aan Picasso geschilderd, waarvan er hier één getoond wordt uit 1987. Uit Picasso's *De droom*, 1932 heeft zij het beeld van de slapende vrouw gekozen. Naast deze zit een geheel in windsels geklede vrouw met een pop op haar schoot. Het thema van de zwangerschap en het zich laten zien staan hierin centraal. Picasso's vrouwen zijn in tegenstelling tot Markus' personages mensen, die zich vrij bewegen en zich graag aan de buitenwereld tonen.

Een tweede hommage is die aan Dubuffet, 1987. Dubuffets schilderij bestaat uit spontaan getekende figuren, zoals kinderen die kunnen maken. Zij zijn scherp omrand met daarbinnen losse vormen in zwart, wit of rood. Daartegenover plaatste Markus op de voorgrond de hond van haar man, tot in detail uitgewerkt als ware het een foto. Niet alleen toont zij twee liefdes van haar man, voor zijn hond en voor de moderne kunst, maar zij plaatst hier ook twee stijlen, twee zienswijzen radicaal tegenover elkaar, het modernisme en het fijnrealisme.

Markus' oeuvre toont het proces waarin ze zich langzamerhand bloot geeft, zelfverzekerder wordt en nieuwe grenzen gaat aftasten. Een belangrijke fase hierin is de serie schilderijen uit 1998/1999 naar aanleiding van het Griekse mythologische verhaal over Medea, de vrouw die haar kinderen vermoordt om zich op haar ontrouwe echtgenoot te wreken. Markus ondergaat niet langer meer alleen de emoties, maar onderzoekt ze nu ook, zoals die van liefde, haat en moordzucht in het verhaal van Medea. De windsels zijn verdwenen en algemeen menselijke thema's staan nu centraal.

1 Gegevens voor dit artikel zijn ontleend aan een gesprek met de kunstenares door de auteur d.d. 9 januari 2001

2 Pauline Sinnema, 'Ik schilder vrouwen die vrij willen', *Het Parool*, 6 januari 1996

Hommage aan Picasso, 1987
olieverf op doek,
100 x 120 cm
Particuliere collectie

Hommage aan Dubuffet, 1987
olieverf op doek,
60 x 80 cm
Collectie kunstenaar

Zelfportret, 1980
olieverf op doek,
110 x 120 cm
Collectie kunstenaar

Zelfportret, 1978
olieverf op doek,
70 x 60 cm
Particuliere collectie

Koorddanseres, 1982
olieverf op doek,
120 x 140 cm
Collectie kunstenaar

Vleugellam, 1980
olieverf op doek,
80 x 80 cm
Collectie kunstenaar

De rode ballon, 1982
olieverf op doek,
80 x 65 cm
Collectie M.N.O.
Vervat

Pieter Pander (1962)

'Koele kleuren bepalen mijn palet: ik houd van blauwen, grijzen en witten.'

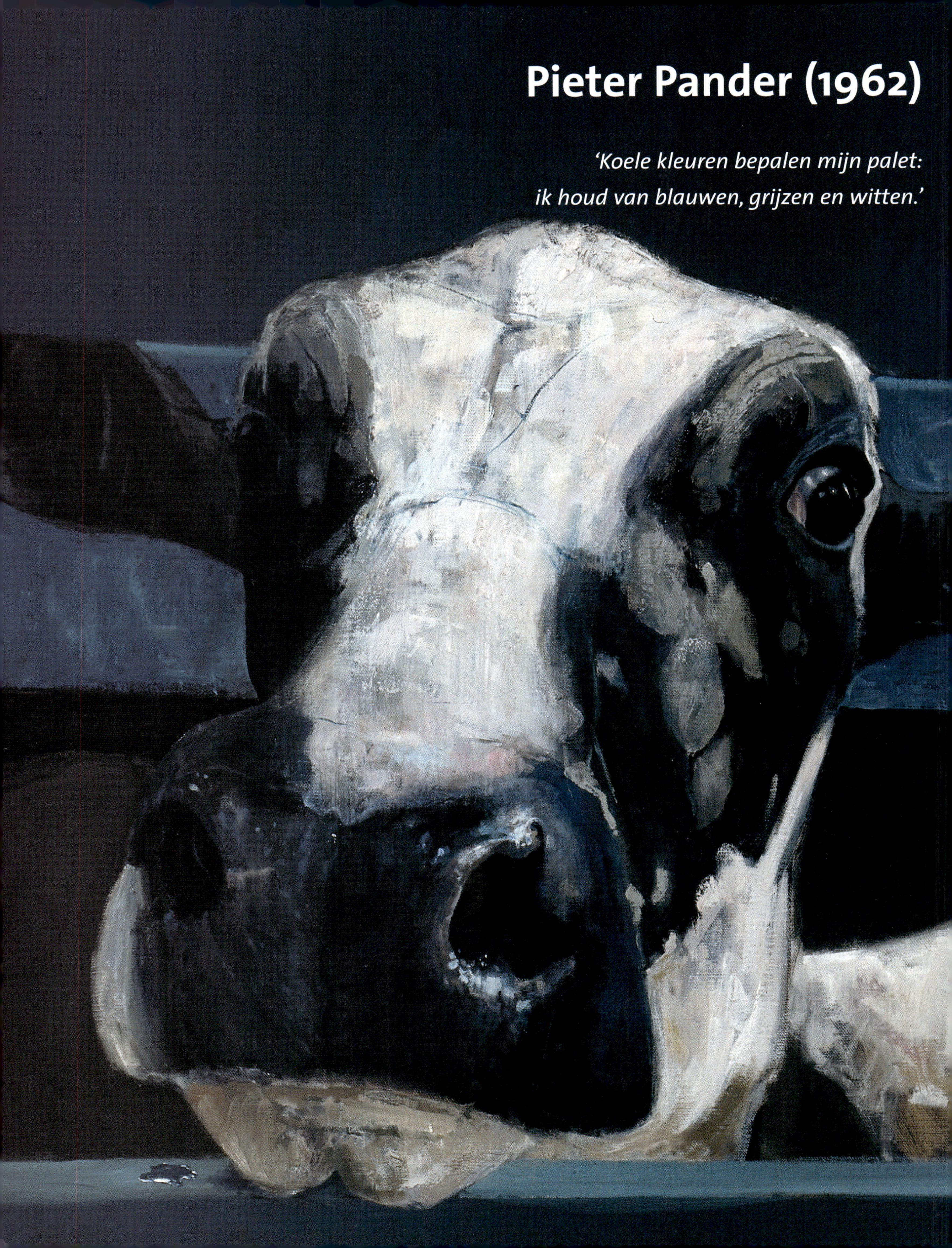

Pieter Pander heeft vooral naam gemaakt als schilder van koeien, geiten, paarden en honden en van bouwconstructies en scheepswerven, maar hij schildert ook portretten, figuurstudies en andere onderwerpen.[1] Tot voor enkele jaren maakte hij grote, grijze, weidse landschappen van het Friese land onder invloed van de Duitse schilder Anselm Kiefer. Nu schildert hij andere thema's. De ideeën doen zich vanzelf voor en steeds stapt hij over naar nieuwe onderwerpen: een café, de Wadden, geiten, koeien, de sumo-worstelaar op t.v., een bouwput, zijn hond die na een ongeluk deels geschoren is etc.. Hij houdt er niet van om zich vast te pinnen op een bepaalde stijl of een bepaald onderwerp. 'Ik heb wel periodes dat ik geïnteresseerd ben ik een onderwerp. Een tijdje zijn dat paarden geweest, toen koeien. Dat boeide me dan een tijdje, maar dan komt er weer wat anders.'[2]

Vaak doet hij inspiratie op wanneer hij op bezoek gaat bij zijn zwager die een boerenbedrijf heeft: een net geboren kalfje, een koe in de loopstal, een paardenhoofd. Hij maakt schetsen van wat hij ziet en wat hem boeit en soms neemt hij foto's. In zijn atelier maakt hij er schilderijen van.

Door een ongebruikelijk standpunt te kiezen geeft hij het werk een ongewone en vaak dramatische lading. Koeien en paarden worden van bovenaf of juist van onderaf geschilderd, waardoor het werk een vervreemdend effect krijgt, terwijl het perspectief niet vertekend is. Door het standpunt van waaruit de dieren verbeeld zijn, worden we ons op ongemakkelijke wijze bewust van hun kwetsbaarheid. Pander probeert dieren op dezelfde manier te benaderen als een mens. 'Ieder beest heeft zijn eigen 'portret', een eigen manier van kijken en doen.'[3]

De *Hokkeling*, 1994 toont een éénjarig kalf in een ruimte die geen stal lijkt, maar ondefinieerbaar is. Het is een groot schilderij waarin het dier voluit is afgebeeld vanuit een laag standpunt. Daardoor lijkt hij erg groot en imponerend en heeft zijn aanblik iets verontrustends, maar tegelijkertijd tonen zijn postuur met de nog wat onbeholpen wijd uitstaande poten en de bange blik in zijn ogen zijn angst en kwetsbaarheid.

Pander heeft een neutrale ruimte achter het kalf geschilderd om de volle nadruk op het beest te leggen en het uit zijn gebruikelijke context van een wei of een stal te halen. Daardoor schept hij iets nieuws. Het kalf wordt een levend wezen met gevoel en wij mensen worden ons bewust van onze macht over zo'n dier.

In zijn respect voor hetgeen hij schildert en in de verstilling die hij in zijn werk legt, is Pander beïnvloed door Jan Mankes, van wie hij een groot bewonderaar is.

In *Gijsje*, 2000 zien we een bull mastif liggen, de vier poten lui uitgestrekt. Ontspannen en vol vertrouwen kijkt hij ons aan met zijn grote tragische hondenogen. Het is een vreedzame aanblik.

De snuit en de ogen van het dier zijn in detail uitgewerkt en geven een dramatische lading aan het beeld. Doordat het achterlijf steeds vager is geschilderd, zoals de afbeelding op een foto die op de snuit is scherp gesteld, krijgt het werk grote diepte. Door de neutrale omgeving leidt niets de aandacht af van de hond.

Pander heeft een voorkeur voor een sober palet. Bruinen, blauwen, grijzen en witten voeren de boventoon. Dat zijn de kleuren die bij hem passen en waarmee hij intimiteit en gevoel kan overbrengen. Een felle kleur gebruikt hij zelden.

Door het eenvoudige kleurgebruik en de compositie stralen de schilderijen rust en evenwicht uit, terwijl zij een spanning bevatten door het accent dat bepaalde elementen krijgen. Bij koeien en paarden zijn dat vaak hun snuit, oren en ogen.

Het drieluik *Kalveren*, 1999 is overwegend blauw en grijsgroen van kleur. Hetzelfde kalf is vanuit drie verschillende invalshoeken geschilderd: de neus naar links, naar rechts en recht vooruit gestoken. De blik is steeds op de toeschouwer gericht, alsof hij deze geen moment uit het oog wil verliezen. Zijn grote ogen en wijd uitstaande oren tonen nieuwsgierigheid naar de kijker.

Pander legt geen diepere betekenissen in zijn werk: een koe is niet anders bedoeld dan een koe voor te stellen. Zijn voorliefde voor het schilderen van dieren heeft geen speciale reden. Het diende zich zo aan en het onderwerp beviel hem. Hij schildert voor zijn eigen plezier. Dat andere mensen ook plezier aan zijn werk beleven en er betekenissen in zien, vindt hij prima. Maar dat is nooit zijn bewuste opzet geweest.

Naast het geheel eigen kleurgebruik is ook de sterke licht-donker werking een steeds terugkerend thema in Panders werk. In het drieluik *Kalveren* bestaat er een sterk contrast tussen de witte vacht, waarvan de kleur versterkt wordt door het licht dat er van boven op schijnt, en de donkere vlekken van deze zwartbont en de achterwand.

Het sobere kleurgebruik en de licht-donker tegenstelling zijn elementen in Panders werk, die de invloed van zijn leermeester Matthijs Röling verraden. Van Röling heeft hij niet alleen het technisch vakmanschap geleerd, maar ook het gebruik van lichtcontrasten en de nadruk op de compositie in plaats van op het kleurgebruik. Deze aspecten komen in zijn meer constructieve schilderijen eveneens duidelijk terug.

In *Scheepswerf Draaisma te Franeker*, 1998 is de kleur nog verder gereduceerd dan in zijn dierenportretten en is het doek bijna monochroom geworden. In een strak en evenwichtig ritme zijn de houten hellingbanen afgebeeld, waarop de boten uit het water op het droge worden getrokken. Doordat de bovenkanten het licht vangen, ontstaat er een reeks van donkere en lichtere horizontale vlakken. Het ritme wordt naar achter afgebroken door een scheepswand die het uitzicht belemmert en waardoor de haven een meer besloten karakter krijgt.

De schilderijen van de constructieve objecten zijn grafischer en harder van uitstraling, waarbij de kleur geheel ondergeschikt is gemaakt aan de lijnvoering. Ze worden een spel van lijnen in verschillende richtingen. De werf heeft als voorbeeld gediend voor het schilderij, maar de compositie van de voorstelling is aangepast aan de wens van de schilder. Het gaat hem om het scheppen van ruimte, perspectief en de opbouw van de constructie die hij op het doek vast legt.

In *Scheepswerf I*, 1994 zien we de werf Welgelegen te Harlingen. De monotonie van de horizontale lichtere en donkere lijnen van de hellingbanen wordt doorbroken door de diagonale lijn van de boot rechts achter die evenwijdig aan de kade ligt en door de lijn van de overkant van de haven. Ook hier geeft een gesloten achterwand de werf een intiemer karakter.

In de loop der jaren ontwikkelde Pander een meer schetsmatige wijze van schilderen. De ondergrond van het schilderij is geprepareerd grof linnen, dat grijs van kleur is, zodat hij ermee naar de lichte en naar de donkere kant uit kan. Als hij begint te schilderen heeft hij een bepaald idee, dat hij met een schilderskwast op het doek zet. Daarna schildert hij bij voorkeur nat in nat, zodat hij snel en lang kan doorwerken als hij inspiratie heeft. De laatste tijd werkt Pander meer fijnrealistisch in de uitwerking van bepaalde delen van zijn schilderijen die de nadruk verdienen.

1 Gegevens in dit artikel zijn ontleend aan een gesprek met de kunstenaar door de auteur d.d. 8 maart 2001

2 Mirjam de Klerk, 'Werk Pieter Pander in Coopmanshûs', *Franeker Courant*, 3 jun 1992

3 Niet gepubliceerde brief aan mw. Ansenk, d.d. 12 december 1995

Kalveren – drieluik,
1999
olieverf op doek,
3 x (150 x 160 cm)
ING Collectie,
Amsterdam

Hokkeling, 1994
olieverf op doek,
160 x 120 cm
Collectie
Koos de Looff

Scheepswerf Draaisma te Franeker, 1998
olieverf op doek,
70 x 200 cm
ING Collectie,
Amsterdam

Gijsje, 2000
olieverf op doek,
40 x 100 cm
Collectie Brandt/Kos,
Amsterdam

Pieter Pander

Scheepswerf I, 1994
olieverf op doek,
112 x 212 cm
Collectie Unilever
Nederland BV,
Rotterdam

Scheepswerf II, 1995
olieverf op doek,
114 x 214 cm
Collectie Unilever
Nederland BV,
Rotterdam

Dick Pieters (1941)

'Zo hoop ik tot een geheel te komen,
waardoor het schilderij, en niet
zijn onderwerp de aandacht krijgt.'

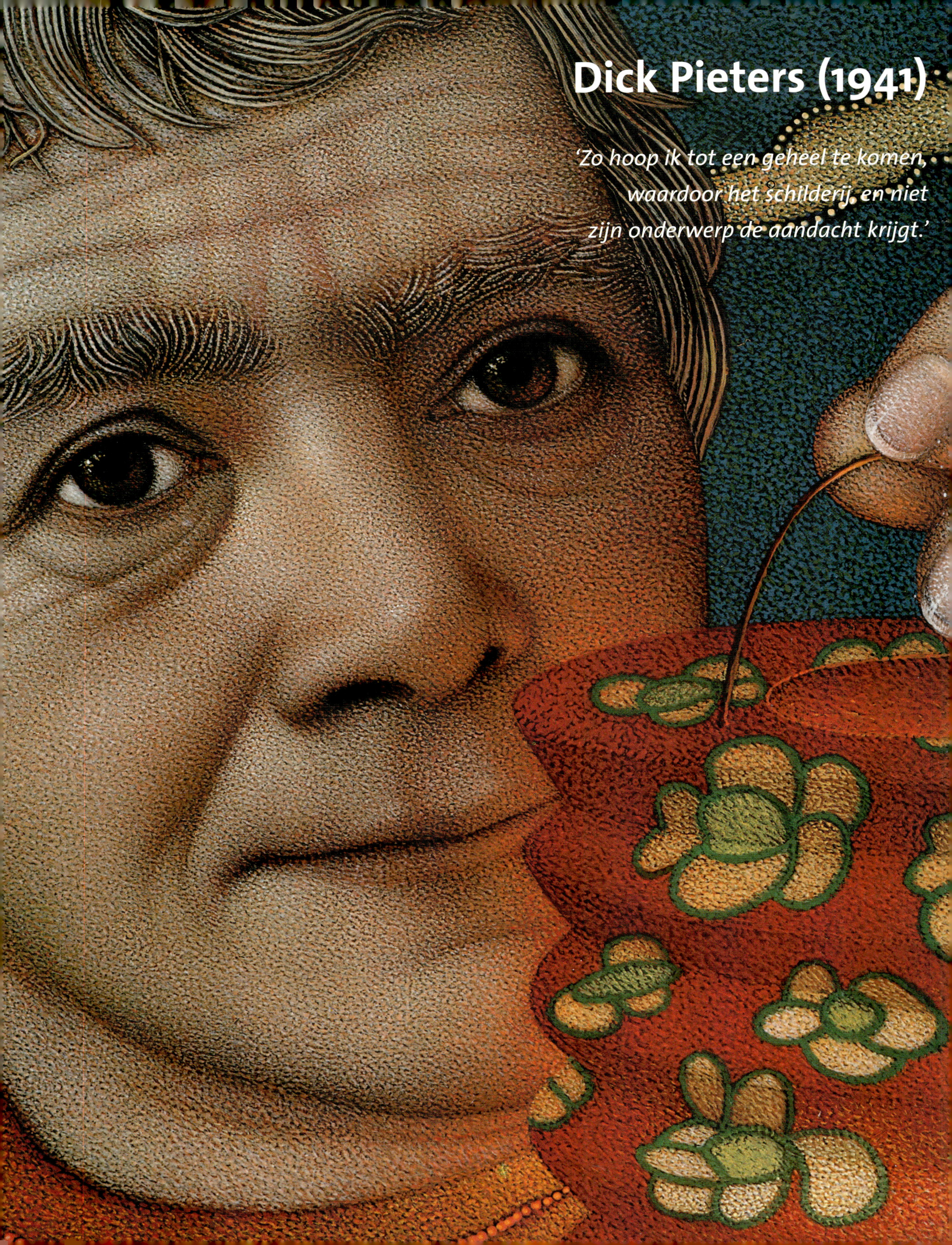

De schilderijen van Dick Pieters hebben een bijzondere uitstraling, iets mysterieus, alsof de werkelijkheid niet helemaal scherp doorkomt. Pieters schept dit effect door een speciale techniek toe te passen: met fijne penselen zet hij minuscule stippeltjes naast elkaar. Door optische vermenging ontstaan kleurnuances en dieptewerking.

In *Intiem*, 1997-1998 zijn de schaduwen van de plooien van de lichamen van de man en de vrouw geaccentueerd met donkerder rode puntjes. Door de delen lichter en donkerder te kleuren ontstaat een enorme dieptewerking. De haren van beiden zijn dunne strengen die bijna tastbaar worden, evenals de koorden van de lampions. De zwarte achtergrond is door menging van kleuren tot stand gekomen. Wit en zwart gebruikt de schilder zelden.[1]

De intimiteit in het beeld komt niet alleen tot stand door de fysieke aanraking, maar vooral ook door het oogcontact dat de man en de vrouw met elkaar hebben.

De schoonheid van het leven zit volgens Pieters in de eenvoud. 'Die eenvoud wordt ondergewaardeerd. De communicatie zit tussen twee mensen, dat is pas mooi.'[2] 'Er is pas harmonie wanneer men elkaar aanvult, begrijpt, waardeert en liefheeft.'[3]

Pieters is zich echter tegelijkertijd pijnlijk bewust van het verval, de vergankelijkheid van het leven: de dood. De griezelige bewijzen van de vergankelijkheid heeft hij echter geleidelijk vervangen door de kleine momenten van eenvoudig geluk. Want, zegt hij: 'Mensen zijn veel belangrijker geworden'.

In het werk *Boot op de Schelde*, 1985 zijn deze tekenen van vergankelijkheid nog wel aanwezig. Vreemdsoortige mottige vogeltjes vliegen boven een bootje, waarin vier personen zitten, die op haar beurt voor een groot schip vaart. De wand van het schip vult het hele beeld en toont met zijn barsten en het roest het verval waaraan het ten prooi is gevallen.

De twee kinderen in de boot kijken naar de vogeltjes met een open onschuldige blik. Man en vrouw zijn met hun gedachten elders. Pieters heeft zelf model gestaan voor de twee jongens en voor de man aan het roer. Jong zijn en het ouder worden komen hier als thema naar voren.

Wanneer we zijn werk beschouwen, is het niet verwonderlijk dat Pieters zich aangetrokken voelt tot de Vlaamse schilderkunst uit de veertiende en vijftiende eeuw met zijn aandacht voor detail en de uitwerking van de voorstelling. Maar ook klassiek moderne meesters zoals Paul Klee en Wassily Kandinsky hebben invloed op hem uitgeoefend, evenals de (magisch) realisten Wim Schumacher, Pyke Koch en Dick Ket. In het kleurgebruik vindt hij echter vooral een geestverwant in Vincent van Gogh, hoewel dat niet direct in zijn werk is terug te zien.

In zijn schilderijen wordt alles tot eenvoudige vormen teruggebracht en met evenveel aandacht geschilderd. Binnen de figuratieve voorstelling komen aan het abstracte grenzende elementen naar voren. De lucht is bijvoorbeeld geschilderd als een egaal, bijna monochroom vlak. Binnen de voorstelling gaat deze een eigen leven leiden.

Door aan ieder element evenveel aandacht te schenken hoopt de schilder 'tot een geheel te komen, waardoor het schilderij en niet zijn onderwerp de aandacht krijgt'. De achtergrond wordt niet weggedrukt als omlijsting van het onderwerp, maar is net zo belangrijk ook wanneer mensen het hoofdonderwerp zijn. Door de wereld om de mens heen evenveel aandacht te geven, wil Pieters uitdrukken dat de mens in natuurlijke harmonie met zijn omgeving moet proberen te leven en deze met liefde en respect behandelen.

Overzetplaats Blankenberge, 1991 is daar een goed voorbeeld van. Hoewel de aandacht in eerste instantie naar de mensen op de voorgrond wordt getrokken, is de brug en de ruimte daaronder tot in detail weergegeven. De mensen die in- en uitstappen doen het rustig aan; ze haasten zich niet en wachten op elkaar. Om hun monden speelt een gelukzalige glimlach.

Het water is doorzichtig en verliest daarmee zijn dreiging. De groene schaduw van de boot en de kringelende golfjes ontdoen het van zijn massaliteit. Er is geen dreiging, de wereld oogt in orde.

Pieters schuwt het gebruik van felle, contrasterende kleuren niet, zoals in *Zwemmers*, 1993. Rood, blauw en groen zijn de overheersende kleuren die drie horizontale banen vormen. Zoals het rood van de wand van het schip gebroken wordt door de ronde patrijspoorten wordt het blauw en het groen van het water gebroken door de ronde hoofden van de zwemmers. De touwladder en de jongen vooraan doorbreken de horizontaliteit van het doek. De transparantie van het water wordt in het groene schijnsel weergegeven, waar de lichamen van de zwemmers goed te zien zijn. Bovendien wordt de doorzichtigheid benadrukt door de slingerende gekleurde lijntjes in het water, als een parelsnoer aan elkaar geregen.

Eén van Pieters geliefde thema's is het water. Hij houdt van zwemmen, zeilen, de sfeer en de kleuren op het water. Deze onderwerpen combineert hij door mensen te situeren in of op het water. Het gaat om eenvoudige gebeurtenissen die door een nadrukkelijke manier van schilderen belangrijk worden. 'Mannen, vrouwen, alleen of met elkaar kunnen zo ontroeren, zo'n wonderlijk beeld vormen.'[4]

Aan de reling, 1984 is een eenvoudige voorstelling van een meisje dat op een boot aan de reling staat. Zij heeft een mooie jurk aan en kijkt verwachtingsvol vooruit alsof ze ergens op bezoek gaat.

Het verschil tussen het interieur van het schip, de zee en de lucht buiten is miniem. De roestplekken op de boot komen in veranderde vorm terug in de wolken. De scheuren op het dek vertonen grote gelijkenis met de golven op zee. De wind, de zeelucht en het licht komen en gaan vrijelijk van het dek naar de zee en weer terug en het meisje laat zich erin koesteren.

Pieters werkwijze is langzaam. Hij doet maanden over één schilderij. Eerst worden schetsen gemaakt, dan nauwkeuriger tekeningen, tot ze precies zo zijn als het schilderij moet worden.

De kunstenaar schildert op tropisch hout dat niet splijt en dat hij zelf bewerkt. 'Na de eerste dunne laag gebrande omber zet ik de contouren van de tekening op het paneel.'[5] Dan brengt hij vijf tot acht dunne lagen olieverf op het paneel aan. Daarna begint hij stippeltjes aan te brengen. Voor Pieters is dat een opwindende techniek en helemaal niet saai. Vaak kan hij haast niet stoppen en voelt hij zich in een gelukzalige stemming na de moeizame periode van de ontwerpschetsen.

Ondanks de tijd die hij nodig heeft het werk te maken, weet hij altijd de sfeer goed vast te houden. Dat kan alleen als hij geen mensen om zich heeft, want zij bederven die anders. Voor Pieters is het schilderen een eenzaam, maar dankbaar proces.

1 Sacha Tanja e.a., *ING-collectie. Een selectie*, Amsterdam, 1998, p.79
2 Raymond Bouwman (red.), *30 jaar realisten*, Amsterdam, 1992, p.89
3 Brief van de kunstenaar aan Sacha Tanja, Hoofd ING Kunstzaken, d.d. 28 november 1997
4 op. cit.
5 Sacha Tanja e.a., op. cit. (zie noot 1), p.78-79

Zwemmers, 1993
olieverf op paneel,
110 x 140 cm
ING Collectie,
Amsterdam

Schelpeneiland, 2000
olieverf op paneel,
115 x 90 cm
Collectie E.V. Aremia

Boot op de Schelde,
1985
olieverf op paneel,
100 x 90 cm
Collectie Houtman

Aan de reling,
1984
olieverf op paneel,
45,5 x 37 cm
Particuliere collectie

In het water, 1997
olieverf op board,
115 x 90 cm
Collectie E.V. Aremia

Overzetplaats Blankenberge, 1991
olieverf op paneel,
85 x 115 cm
Particuliere collectie

In het water,
ongedateerd
olieverf op paneel,
12 x 14 cm
Particuliere collectie

De kus – drieluik, 1999
olieverf op paneel,
15 x 45 cm
Particuliere collectie

Aanraking, 1997
olieverf op paneel,
15,5 x 13,5 cm
Particuliere collectie

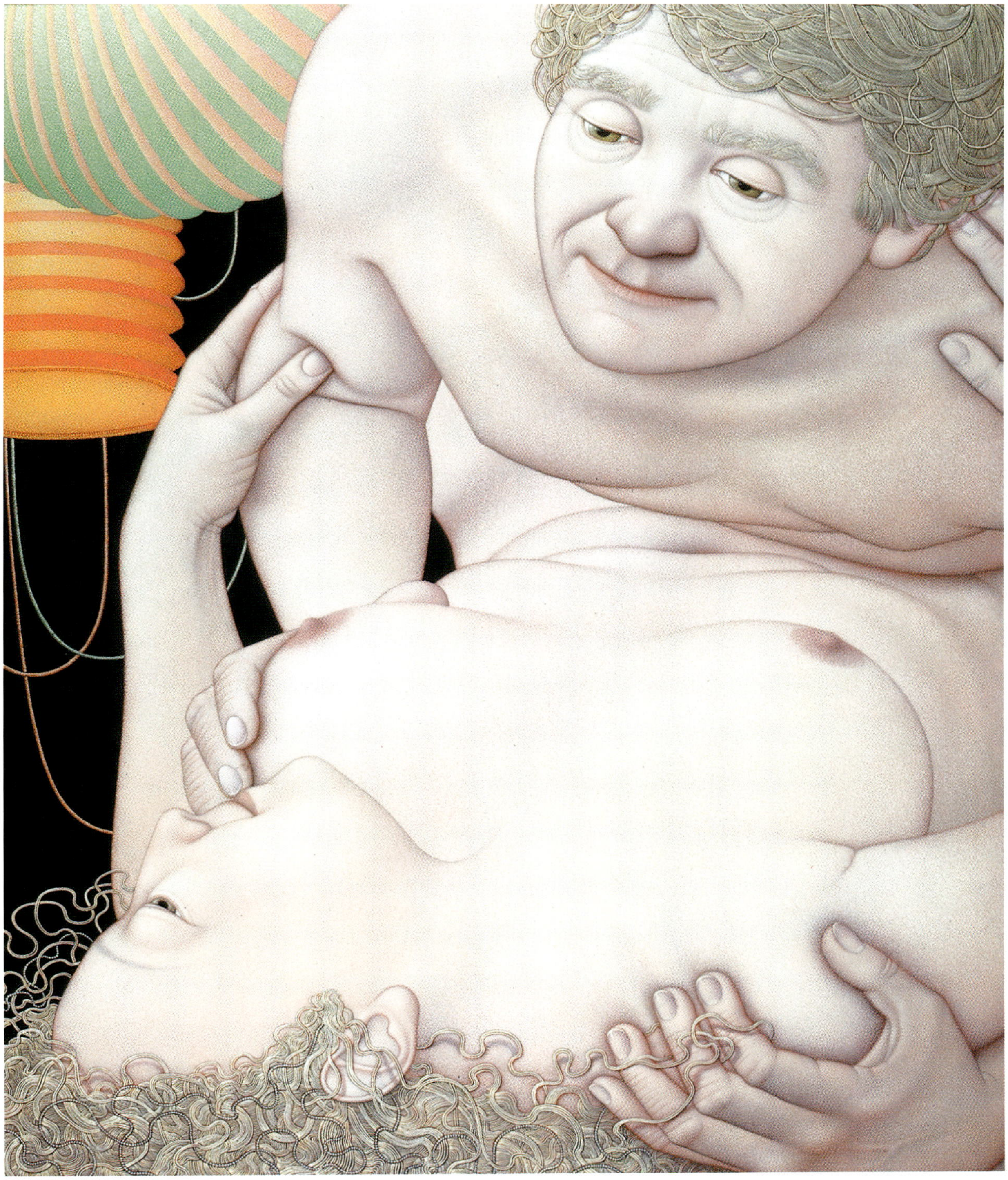

Intiem, 1997-1998
olieverf op paneel,
60 x 50 cm
Collectie Houtman

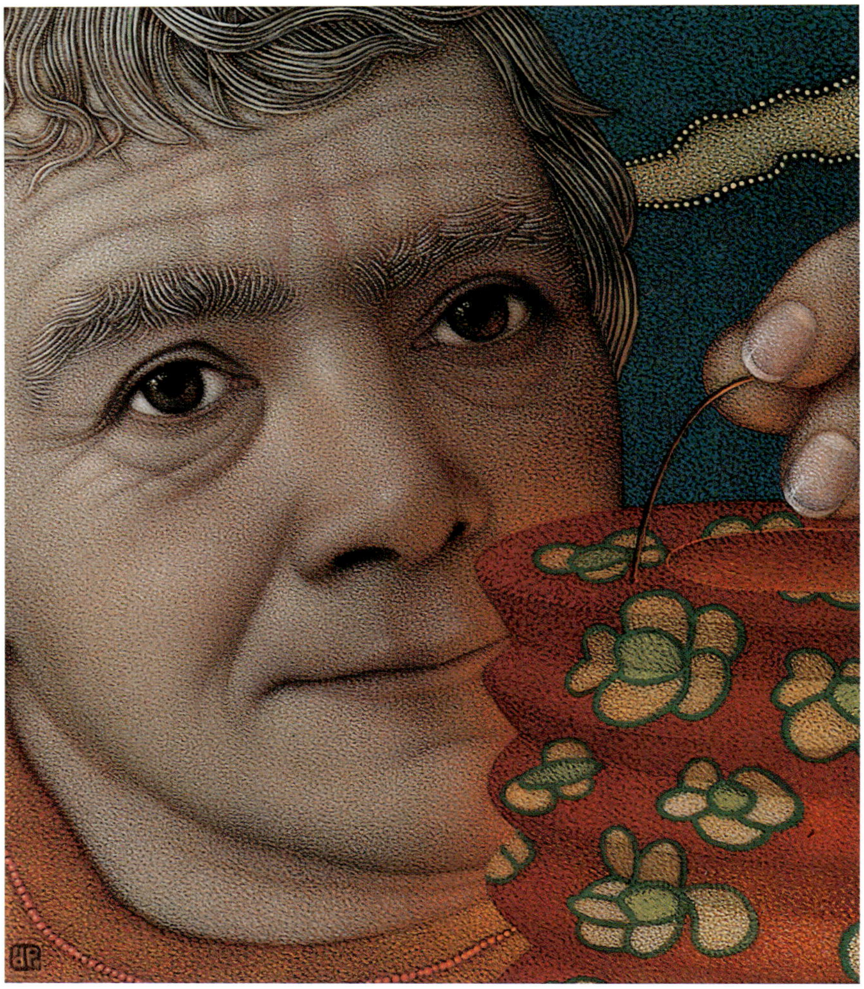

Zelfportret met lampion, 1995
olieverf op paneel,
14 x 12 cm
Collectie R.J.B. Brandt

Rode muts, 1995
olieverf op paneel,
10 x 8 cm
Collectie Berentsen-Tanja

Het is vergankelijk,
1994
olieverf op paneel,
13,5 x 11,5 cm
Particuliere collectie

Zonder titel,
ongedateerd
olieverf op paneel,
14 x 12 cm
Particuliere collectie

Peter van Poppel (1945)

‘Elke werkdrift komt bij mij voort uit tegenwerking.
Alles moet beter zijn dan het vorige.’

Het meest opvallende aan het werk van Peter van Poppel zijn de figuren met enigszins vergrote hoofden en een kinderlijke, lievige blik. 'Of dat bewust is gedaan, weet ik niet. Ik weet alleen dat het zo moet. Ik deformeer om bepaalde dingen te accentueren.'[1]

Van Poppels wereld lijkt bevolkt met naïeve wezens voor wie de wereld een avontuur is. Ze vertellen fantastische verhalen die de werkelijkheid van alledag te boven gaan. In die zin is het werk van Van Poppel verwant aan dat van de surrealisten. Hij heeft ook enige jaren op die wijze gewerkt onder invloed van Salvador Dali, Dorothy Tanning en Max Ernst, op wier werk een leraar van zijn opleiding in Utrecht hem attendeerde. In het surrealisme kon hij echter zijn eigen stijl niet ontwikkelen. Zelf vindt hij dat met name Pyke Koch en Dick Ket hem beïnvloed hebben.[2] Met *Portret van een vriendin* uit 1968, een schilderij uitgevoerd in zijn huidige realistische stijl, vond hij zijn eigen uitdrukkingswijze.

De kunstenaar tracht in zijn werk het kind in de mens te benadrukken, het kind dat zo vaak in de volwassenheid is weggeborgen, verstopt achter agressie, wantrouwen en verbittering. Het leven is eigenlijk te zwaar, doordat we dagelijks geconfronteerd worden via televisie en kranten met ellende, geweld en dood. Van Poppel wil het leven verlichten door het ongevaarlijk te maken, door het kind in ons aan te spreken. Het kind dat nog onbevangen, onschuldig en kwetsbaar is.

Rook/zwemster, 1994 verbeeldt een meisje met een rond glad gezichtje dat ons aankijkt. Zij vult het hele beeld met haar ronde schouders. De lichte egale kleur van haar huid benadrukt haar schoonheid en ongeschondenheid. Links en rechts over haar schouder zien we identieke meisjes zoals zij, allen in zwart badpak en witte badmuts. Het zijn meisjes die nog kind zijn, nog nauwelijks bewust van hun vrouwelijkheid en die ontspannen onder de douche staan.

Niet alleen de witte badmuts, maar ook de kleur blauw van de ogen komen terug op het vlak achter het meisje, zodat er een verbinding ontstaat tussen voor- en achtergrond.

In Van Poppels werk staat de mens en het leven centraal. Hij tracht te verbeelden wat ons raakt en ons ontroert. In principe zijn alle onderwerpen interessant: een paard, een schoen, een zonsondergang, alles wat zich leent om geschilderd te worden.

Hij doet zijn inspiratie op bij de haard, zoals hij zelf zegt. Naar reizen en mensen ontmoeten verlangt hij niet. Vaak werkt hij associatief. Hij ziet een foto in de krant en borduurt daarop voort. Bijvoorbeeld het witte boord van een priester kan een kwart slag gedraaid worden en wordt de rand van een nonnenkap. Op deze wijze creëert hij een geheel eigen wereld bevolkt met mensen, schilderijtjes, doosjes en andere voorwerpen.

In *Liefdesportret*, 1978-1980 heeft Van Poppel zijn vrouw Wijnie verbeeld. Zij heeft de doek om zich heen opengeslagen, zodat haar naaktheid zichtbaar is. Tussen haar knieën heeft zij een rood geblokte theedoek. In haar hand houdt ze haar leesbril, een leporello en een madelief. In haar andere hand houdt ze een zakje met korenbloemzaadjes. Kiekjes zijn links op de wand geplakt en illustraties van schilderijen aan de rechterkant. Het zijn attributen die uitbeelden welke betekenis de vrouw voor de schilder heeft.

Afgeleid van het traditionele thema van het naakt in de schilderkunst is *Grote blote kont*, 1975-1977. De titel was slechts bedoeld als werktitel, maar is bij het doek gebleven. De doos met zwart-witte plaatjes van naakte vrouwen verwijst naar het thema. Het schilderij is een spel van kijken en bekeken worden, zoals vaker wordt toegepast in de geschiedenis van de kunst. De schilder heeft zichzelf schilderend afgebeeld. Vermoedelijk schildert hij de doosjes met plaatjes en andere attributen die uitgestald zijn. De schilder op het doek heeft geen oog voor de blote vrouw achter hem, terwijl de schilder en wij toeschouwers buiten het doek haar juist wel zien.

In veel werken van Van Poppel zien we citaten of verwijzingen naar het werk van andere kunstenaars. Hij ziet zich als een lid van de enorme schildersfamilie die zich door de eeuwen heen verbonden heeft in het schilderen, het scheppen van beelden via kleur en lijn. Voor Van Poppel is Jan van Eyck even hedendaags als hijzelf. 'Er bestaat voor mij geen scheiding tussen tijden. Mij gaat het om de continuïteit: een breuk is er niet. Al is het gisteren geschilderd of in de zeventiende eeuw: het is altijd hier-en-nu voor mij. Het aantrekkelijke van een schilderij is dat de adem van de schilder op de verf zit. Dus is er helemaal geen afstand in tijd: alles tuimelt zo naar binnen. En daar komt dan een schilderij van.'[3]

Deze visie vinden we terug in het schilderij *Groot atelier*, 1975-1980. De schilder heeft zich hier afgebeeld met een rode baret, geïnspireerd op Johannes Vermeers *Meisje met rode hoed*. Aan de wand hangen verwijzingen naar andere schilders: rechtsboven het puttertje van Carel Fabritius, het ei van Charles Donker en een rond schilderijtje van een rug, geïnspireerd op Antoine Watteau. Het grote schilderij, waaraan de schilder werkt, laat de bewondering voor Co Westerik in diens weergave van de menselijke huid zien.

Zelf zegt Van Poppel over dit werk: 'Wanneer je *Groot atelier* bekijkt waarop zoveel te zien is, is de verleiding groot verbindingslijnen te trekken van het ene schilderijtje naar het andere, van het ene detail naar het andere en zo door naar alle windstreken. Het is goed aan die neiging toe te geven want alles heeft met alles te maken in een eeuwig vervloeiende beweging, een onophoudelijke stroom'.[4]

Van Poppel kopieert schilderijen van oude meesters en transformeert ze tot iets nieuws, tot een Van Poppel, terwijl de bron herkenbaar blijft. Dit is goed te zien in het schilderij *De breekbaarheid van Morandi*, 1978. Een man met korte armen en een relatief groot hoofd kijkt ons aan in al zijn kwetsbaarheid. Hij houdt een soort palet vast met zachtroze potjes erop, een fijn penseel in de andere hand. Het doek ademt een sfeer van zachtheid en tederheid, terwijl het witte licht op de muur een verstilling teweegbrengt.

De roze potjes op dit schilderij zijn een citaat van een werk van Morandi, dat in het bezit is van het Stedelijk Museum in Amsterdam. Zijn bewondering voor dit schilderij heeft Van Poppel getransformeerd tot een nieuw werk, waarbij de verwijzing herkenbaar blijft. Zo accentueert hij ook de zachtheid en verstilling die zo typisch zijn voor Morandi. Het werk is een ode aan deze schilder 'die de trillingen van het licht op dode voorwerpen zo helder heeft vastgelegd'.[5]

Schilderde Van Poppel voorheen direct op het doek zonder voorstudies of zonder beelden in zijn hoofd te hebben, tegenwoordig gaat het proces langzamer. De schilder stelt hogere eisen aan het resultaat; elk werk kan immers het laatste zijn. Nu worden tussentijds studies gemaakt om een bepaald schilderkunstig probleem op te lossen. Elk schilderij stelt zijn eigen problemen; er bestaan geen pasklare oplossingen. Wat eerder is toegepast kan nu heel anders uitwerken. Bovendien is elk schilderij een afgesloten wereld. Daarbinnen reist de schilder rond en daarin wil hij zich niet vervelen. Zodoende worden steeds andere technieken toegepast en is ieder doek een nieuwe uitdaging.

1 Gegevens zijn ontleend aan een gesprek met de kunstenaar door de auteur d.d. 21 februari 2001
2 Reg ten Zijthoff, 'Peter van Poppel: 'Dat meisje met die doorkijk, dat is voor mij realiteit", *Utrechts Nieuwsblad*, 23 december 1968
3 Catherine van Houts, 'Een nazaat van Vermeer', *Parool*, 9 december 1992
4 Hans Redeker, 'Peter van Poppel en zijn groot atelier', *Kunstbeeld*, december 1982, p.46
5 Peter van Poppel, *Groot Atelier*, Amsterdam, 1982, p.12

Zelfportret met blinde kip, 1992
alkyd op gemengde techniek op papier op karton, 21 x 29 cm
Caldic Collectie, Rotterdam

In het atelier, 1975
olieverf op paneel
15,5 x 11 cm
Collectie Galerie Mokum, Amsterdam

De breekbaarheid van Morandi, 1978
acryl en olieverf op doek, 54 x 40 cm
Caldic Collectie, Rotterdam

Groot atelier, 1975-1980
acryl en olieverf op doek, 51,5 x 49 cm
Particuliere collectie

Grote blote kont,
1975-1977
olieverf en acryl op paneel, 36 x 39 cm
Particuliere collectie

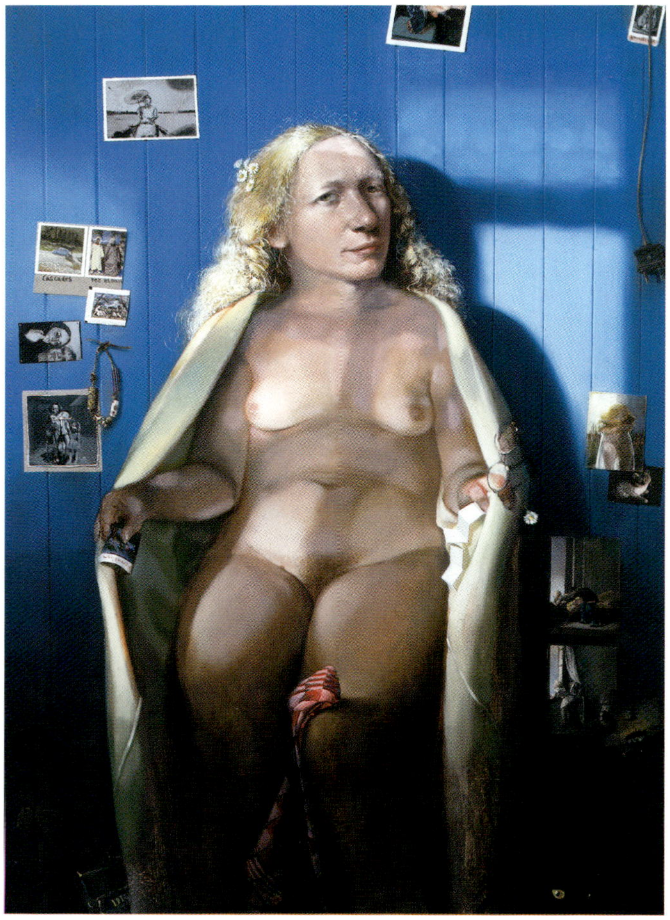

Liefdesportret,
1978-1980
acryl en olieverf op board, 75 x 53 cm
Collectie kunstenaar

Bloosdoos, 1983-1988
acryl en olieverf op
karton, 30 x 40 cm
Particuliere collectie

Rook/zwemster, 1994
tempera, alkyd en
olieverf op paneel,
43,5 x 50 cm
Collectie G. de Rijk
en M. van der Zalm

Jasper van Putten (1944)

'In mijn werk is het de ontroering en de herkenning die het vertoeven in het schilderij tot een bijzondere ervaring maken.'

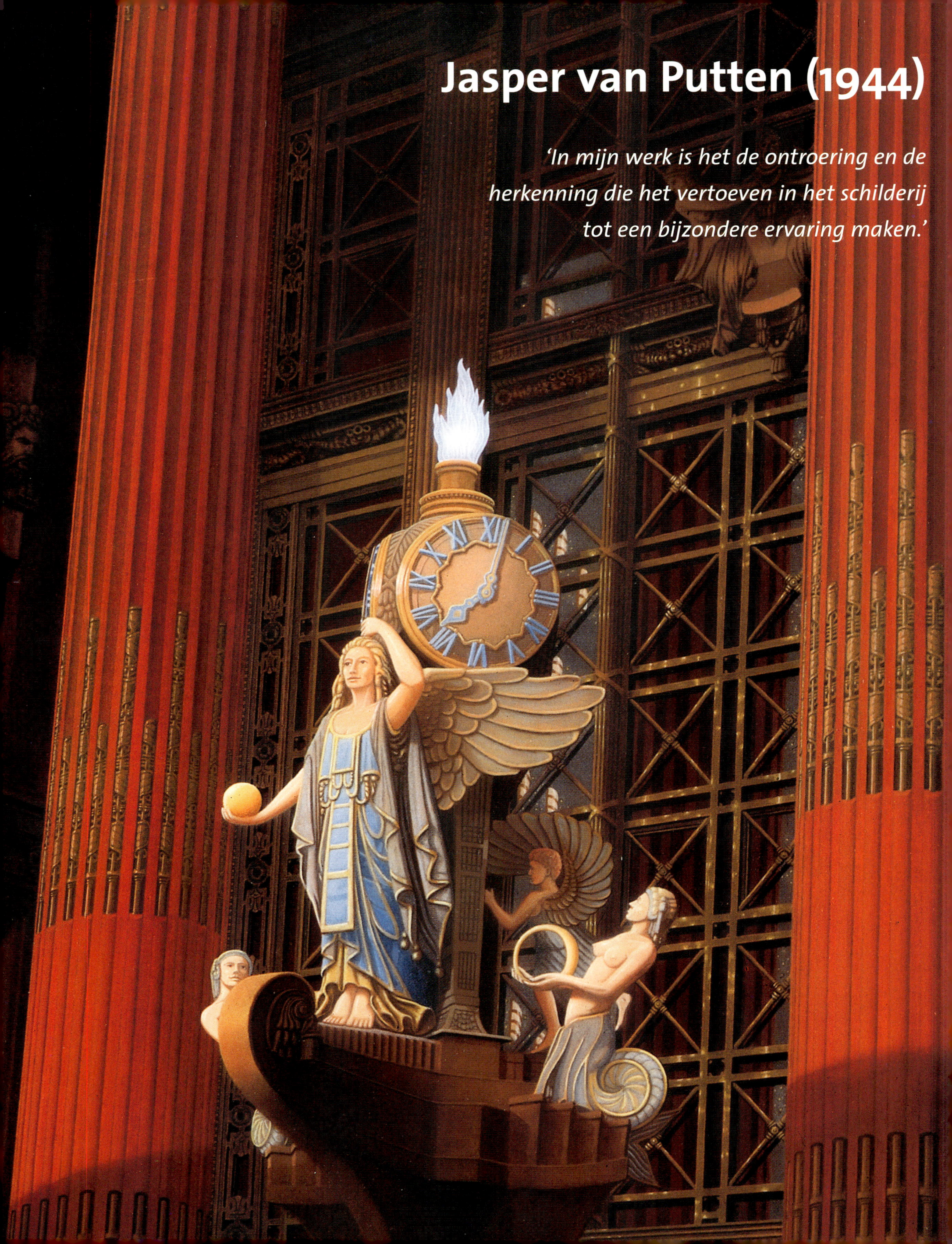

Jasper van Putten verbeeldt wolkenkrabbers en andere grote constructies die tegelijkertijd fascinerend en dreigend zijn. De gebouwen zijn ontleend aan het stadsbeeld van Amerikaanse steden als New York, waarnaar hij vele studiereizen heeft gemaakt.[1] Het is de grandeur van de gebouwen uit de jaren tien tot en met dertig van de vorige eeuw die hem boeien, zoals verbeeld in *Pennsylvania Railway Station*, 1989. Het schilderij is opgebouwd uit een minimaal aantal kleuren in talloze nuances aangebracht. Het stelt de stationshal voor met zijn prachtige boogconstructies, gietijzeren trapleuningen en schaarse verlichting. De man op het bankje valt bijna weg tegen de indrukwekkende achtergrond. Het gebouw dateerde uit omstreeks 1910 en is inmiddels afgebroken.

Het thema van de wolkenkrabber komt voort uit zijn jeugdherinneringen en dromen. Als Amsterdams stadskind was hij gefascineerd door de hoge huizen om hem heen; naarmate hij groter werd, werd de stad kleiner. Medio jaren zestig reisde Van Putten voor het eerst af naar Amerika. 'De indrukken (...) beantwoordden exact aan de beelden die ik in het hoofd had. Het was de werkelijkheid naast de droom. Ik ervoer hetzelfde gevoel dat ik als kind had op mijn verkenningstochten door Amsterdam, over het opgespoten land, de kermis en door het huis van mijn grootvader.'[2]

De schilder aarzelt niet een markant gebouw in bouw en afmetingen naar zijn hand te zetten. Ook nooit gerealiseerde gebouwen, waarvan hij de tekeningen uit boeken haalt, fascineren hem. Uit zijn onderbewustzijn komen hoge gebouwen, 'waarin er veel geklommen en ook gevallen wordt. Dat komt voort uit mijn hoogtevrees, een centraal thema in mijn werk'. Zijn schilderijen kunnen gedeeltelijk gezien worden als een voortdurende bezwering van deze angst.

Van Putten schildert zijn wolkenkrabbers vanuit een opvallend perspectief. Vanaf de top van een wolkenkrabber kijken we naar omlaag. De diepte beneden is nauwelijks zichtbaar. 'Ik kan vliegen', zegt de kunstenaar ter verklaring. Hij is in staat om in gedachten te zien hoe de lijnen van boven naar beneden, naar de diepte lopen. 'Het is een sensatie om te kunnen zweven en als het ware boven jezelf uit te stijgen, zodat je in staat bent je eigen toeschouwer te worden.'

Het werk uit de jaren zeventig en begin jaren tachtig kenmerkt zich door een in detail uitgewerkte schilderswijze in koele kleuren. De mens zoekt ploeterend zijn weg tussen chaos en instortende gebouwen. Hij bouwt en vernietigt tegelijkertijd en lijkt het slachtoffer van zijn eigen scheppingen. New York is voor de kunstenaar het summum van menselijke hoogmoed. 'Die hoge torens die naar de hemel streven, dat kan niet eeuwig duren, daar wreekt de natuur zich een keer op.'[3]

In de loop van de jaren tachtig treedt er een verandering op in zijn werk. Er is meer verdieping gekomen. Het gaat de kunstenaar nu vooral om de intermenselijke relaties en het inzicht in het menszijn.

Op de voorstellingen is de architectuur hoog en ongenaakbaar gebleven, maar laat zijn scheppers en gebruikers voortaan ongemoeid. De stad is verworden tot een droombeeld, een surreële verschijning uit vroeger tijden. De mens heeft zijn greep op de stad teruggekregen. Niet de architectuur, maar zijn bewoners komen nu in het middelpunt van de aandacht.

In *Het dak van de wereld*, 1988 zitten mensen op het dak van een bus, die op zijn beurt op het dak van een wolkenkrabber staat. Die bus kan nergens heen, alleen naar beneden storten. Nog hogere gebouwen belemmeren het uitzicht. De mensen zitten of staan ontspannen om zich heen te kijken, maar ogen nietig in verhouding tot hun omgeving. Een uil vliegt boven hun hoofd als een mythisch dier, dreigend en geruststellend tegelijkertijd. De mens kan grote hoogten bereiken en zich tevreden wanen. Maar dat betekent blijkbaar wel het einde van zijn reis.

In de jaren negentig neemt de kunstenaar meer afstand tot zijn onderwerp en worden de voorstellingen esthetischer. Er is een verschuiving waarneembaar in het werk van Van Putten naar het symbolische, verwijzend naar de vergankelijkheid van het leven en de schoonheid. 'Wat mij boeit, probeer ik in beelden te vertalen en te omvatten in een alles bepalende en betoverende omgeving. (...) Een glimlach naar mijn belevenissen van vroeger in combinatie met de teleurstellende ervaring van het ouder moeten worden. Agressie die ontstaat bij de constatering hoe oneerlijk en krankzinnig de samenleving in elkaar zit.'[4]

In *Eindbestemming*, 1991 zitten twee mooie, jonge vrouwen op een heuvel met drie moderne, strakke wolkenkrabbers op de achtergrond. Daarachter strekt zich een immense kale vlakte uit tot aan de horizon. Schoonheid en lelijkheid, hoogtes en dieptes, leven en dood worden hier tegenover elkaar gezet. 'Het weergeven van belangrijke dingen die je in je leven hebt meegemaakt, daarin probeer ik waarden te vinden. (...) Terugblikken is interessant. (...) De jeugdherinneringen worden steeds sterker. Daarbij is geen sprake van het klakkeloos kinderlijk herleven van wat was, maar meer van het doorgronden van de essentie en de schoonheid van het kindzijn. Schoonheid, en schoonheid weergeven is waar het allemaal om gaat.'[5] 'Heb je de schoonheid echter ontdekt en kunnen aanschouwen dan is deze intense gewaarwording ook weer direct verleden tijd. Je ervaart de pijn daarbij en om die teniet te doen, ga je het gevoel verbeelden.'[6]

Zondagavond, 1993 toont een oudere man op een balkon met onder zich de diepte van de straat. Achter hem staat een groot, vriendelijk ogend bouwwerk. Op het dak staat een rood doosje, evenals naast de man. Onze blik wordt ernaar toe getrokken. Wat er in zit, weten we niet. De man kijkt naar boven naar de toeschouwer alsof hij terug blikt naar de hoogtes die hij ooit heeft bestegen. Links en rechts tegen de gevel staan karyatiden met een boek en schaal met vruchten als symbool van wijsheid en overvloed.

Van Putten schildert om de hardheid en willekeur van het bestaan te kunnen ondergaan. 'Het prettige van de schoonheid op schilderijen is dat ze behoed blijft voor de aftakeling die de mens op den duur treft. (...) Ik voel mijzelf een romanticus. In mijn werk zijn het de ontroering en de herkenning die het vertoeven in het schilderij tot een bijzondere ervaring maken. De weg om tot die herkenning en dat begrip te komen, is voor mij de omweg. De directe werkelijkheid is te wreed en niet te bevatten.'[7]

Zo toont het schilderij *Erfenis*, 1994 een mooie vrouw naast een doodskist. Op de achtergrond staat een gebouw rijk gedecoreerd met traliewerk en Griekse zuilen. Een Griekse godin staat als een soort boegbeeld trots in het midden. Het beeld is ontleend aan een gevel van een warenhuis in Londen, maar in een geheel andere context gezet. Verwijzingen naar de bron van onze beschaving, naar de dood van een geliefde en de angst voor het vergaan van schoonheid kunnen hierin gelezen worden.

Van Putten neemt de tijd om werk te maken. Hij schildert fijn en gedetailleerd met kleine penselen en gebruikt vele lagen glacis om zijn schilderijen hun optische dieptewerking te geven. Zo schept hij werk vol rijke symboliek.

1 Gegevens zijn ontleend aan een gesprek met de kunstenaar door de auteur d.d. 30 januari 2001

2 Jasper van Putten, Janna van Zon, *Jasper van Putten. Met opgeheven hoofd* Amsterdam, 1994, p.49

3 Rob Bouber, 'Jasper van Putten manipuleert gebouwen', *NoordHollands Dagblad*, 7 oktober 1995

4 Galerie Mokum, *20 Jaar Nieuwe Realisten*, Amsterdam, 1982, p.69

5 Raymond Bouwman (red.), *30 jaar realisten*, Amsterdam, 1992, p.94

6 Jasper van Putten, Janna van Zon, op. cit. (zie noot 2) p.98

7 *Realisten 1999: Tobias Baander ... Kik Zeiler*, Amsterdam, 1999, p.100

Pennsylvania Railway Station, 1989
olieverf op marouflé,
53,5 x 48 cm
Collectie Apollo
Melkprodukten,
Nijmegen

Het dak van de wereld, 1988
olieverf op marouflé,
55 x 48 cm
Particuliere collectie

Jasper van Putten

Achterwaartse beweging, 1990
olieverf op marouflé,
57 x 55 cm
Particuliere collectie

Een ochtend in november, 1991
olieverf op marouflé,
41 x 36 cm
Particuliere collectie

Erfenis, 1994
olieverf op marouflé,
57 x 49,5 cm
Particuliere collectie

Zelfvernietiging van een stad (toren op Coney Island), 1995
olieverf op marouflé,
57 x 55 cm
Particuliere collectie

Eindbestemming, 1991
olieverf op marouflé,
46 x 42 cm
Collectie Jan Dijker
en Marijke Veldhuis

Zondagavond, 1993
olieverf op marouflé,
56 x 50 cm
Collectie Janna
van Zon

Matthijs Röling (1943)

'Ik wil slechts de wereld mooier maken.'

Matthijs Röling heeft niet alleen naam gemaakt als kunstenaar, maar ook als docent modeltekenen en -schilderen en als groot voorvechter van een degelijke vakmatige kunstopleiding op de Academie Minerva te Groningen. Diverse kunstenaars op deze expositie, zoals Sebens, Pander, Durieux en Wachtmeester hebben van hem les gehad of zijn sterk door hem beïnvloed, zoals Grégoire.

In het oeuvre van Röling onderscheidt Diederik Kraaijpoel drie stijlen: de realistische, waarin met fijne penselen een voorstelling gedetailleerd wordt uitgewerkt; een impressionistische, waarin hij met een losse toets veel schetsmatiger werkt; en een monumentale stijl die voortkomt uit zijn wandschilderingen en bewust heterogeen van stijl is.[1] Vooral met zijn wandschilderingen heeft Röling in eerste instantie erkenning gekregen. Zo werd hij begin jaren tachtig in de gelegenheid gesteld het Nijsinghehuis te Eelde van monumentale wandschilderingen te voorzien, waarna andere opdrachten in en rond Groningen volgden.

Het vroege werk van Röling kenmerkt zich door de gedetailleerde uitwerking van de voorstelling, zoals in het vierluik De Vier Jaargetijden: *Lente, Zomer, Herfst en Winter*, 1975-1976. Het vierluik bevat allegorische verwijzingen naar de verschillende jaargetijden. Zo zijn per seizoen de overheersende kleuren verschillend. Ook de bloemen en vruchten zijn aangepast aan de tijd van het jaar waarin ze bloeien of rijp zijn. Daarnaast zijn voorwerpen afgebeeld die geen bijzondere betekenis hebben, maar slechts door de kunstenaar in de voorstelling zijn opgenomen, omdat hij ze vond passen. De schilderijen stralen rust en evenwicht uit. 'Wat naar mijn mening van belang is, is het continueren en steeds weer opnieuw getuigen van een harmoniegevoel dat, hoewel misschien slechts illusie, toch de drager blijft van elke hoop op onderling begrip en een te verdragen toekomst en daarom de pijler van elke waarachtige cultuur'.[2]

Met dit vierluik heeft Röling zich nadrukkelijk geplaatst in de traditie van de klassieke meesters. Het Schilderboek van Carel van Mander op *Winter* en het tromp l'oeuil in alle doeken verwijzen expliciet hiernaar.

De geschiedenis van de kunst plaatst Röling echter in de bredere context van de cultuurgeschiedenis. Op *Lente* en *Zomer* heeft de kunstenaar plaatjes geschilderd die verwijzen naar andere kunsten, respectievelijk de dans en de klassieke muziek. Op *Herfst* schilderde hij in grote letters Vermeer en verbeeldde als een oude foto diens *Allegorie op de schilderkunst*. Op *Winter* verwijst hij naar de schrijfkunst. Interessant is dat Röling Vermeer gebruikt voor zijn allegorie van de schilderkunst.

Hij waardeert in Vermeer dat diens doeken niets anders betekenen dan wat er te zien valt. Volgens de kunstenaar hebben we te veel de neiging allerlei symboliek in Vermeers werk te zien. 'Die man hield gewoon van mooie pakken en schone vloeren. (...) ik verwijl graag in de ruimtes van Vermeer.'[3]

Met punaises zijn twee A4-tjes geprikt op het houtwerk in het schilderij *Winter*. Er is een tekst opgeschreven, waarvan de laatste regels van het linker blad luiden: 'Zal ik het onderspit moeten delven tegen hen die mij een nieuwe lente verbieden. Laat ik proberen hem te beminnen, hem te omarmen. Het is de dood (en heet Piet Mondriaan).'

Met deze uitspraak keerde Röling zich tegen de modernistische kunstenaars en hun critici met hun in zijn ogen intellectuele mystificaties van maatschappij en kunst.[4] 'Dat alleenzaligmakende van de moderne kunst stond mij verschrikkelijk tegen. Ik ben een conservatief in die zin dat ik vind dat je het goede moet behouden.'[5]

Niet alleen de Hollandse meesters, maar vooral ook de Italiaanse renaissance is zijn grote inspiratiebron geweest. Van de klassiek modernen bewondert hij onder andere Pierre Bonnard, Éduard Vuillard, Pyke Koch, Co Westerik en Willem de Kooning. Ook de Amerikaanse realist Andrew Wyeth heeft hem tot voorbeeld gediend. Paul Gauguin en Gustav Klimt waardeert Röling, omdat zij rond 1900 een belangrijke rol hebben gespeeld bij de introductie van de niet-Europese esthetica. Als lid van de Fuji Art Foundation (zie inleiding) was hij betrokken bij de herwaardering van de Japanse houtsnede binnen de Europese kunst, die door de opkomst van het Modernisme niet meer verder ontwikkeld was.

Rölings belangstelling is breed. Hij houdt zich dan ook niet aan één thema. Zijn werk bestaat uit stillevens, landschappen, naakten, antieke bouwwerken, mythische voorstellingen, interieurs, portretten en zelfportretten. Niet zozeer het object zelf, maar de wijze waarop het geschilderd is, is voor hem van belang. De stofuitdrukking, de lichtval en de kleuren van de glazen en emaille kannen, de citroenschil, de champignons, de pop, de theedoek of het dambord op het vierluik is voor hem de werkelijke reden om deze voorwerpen te schilderen.

Ideeën en onderwerpen ontleent hij aan zijn dagelijks leven, zijn jeugd, zijn fantasie en aan de klassieke oudheid. Het werk hoeft niet al te vernieuwend te zijn; het gaat erom duurzaam werk te maken. 'Echte schoonheid vervalt niet.'

Röling voelt zich niet gebonden aan een bepaalde stijl. Sinds de jaren tachtig schildert hij meer impressionistisch, met een lossere verftoets. Enerzijds ontbreekt hem het geduld om nog zo in detail te schilderen, anderzijds laat een probleem met zijn arm dit fijne werk niet meer toe. 'Ik vind het nu interessanter om schilderijen uit te bouwen, waarin ik het ene element heel precies schilder en het andere aangeef, suggereer. Mijn belangstelling heeft zich ook verlegd van het stilleven naar het naakt of mensfiguren.'[6]

Sigmund II, 1986 verbeeldt een portret van een jonge man. Het portret is opgebouwd uit kleurvlakken. De details zijn beperkt tot het gezicht. Tegenover de donkere huid van de man heeft Röling een licht shirt geschilderd. Het bruine gezicht steekt af tegen de donkere achterwand. Zo ontstaat een spel van lichte en donkere vlakken en ronde en rechte vormen.

Voor Röling is schilderen ook orde brengen in de chaos en vluchten uit de werkelijkheid. 'Het kost mij geen moeite trouw te blijven aan mijn kinderidealen.'

'Het is een zijige, of zoals u wilt een gelukzalige wereld die ik creëer, waarin ikzelf en hopelijk anderen zich prettig voelen. Ik heb niet veel pretenties of boodschappen aan de wereld. Ik ben een escapist die naar elders verlangt, naar rust en genot; weg van deze rotwereld waar ik veel van houd.'[7]

Röling kreeg erkenning voor zijn werk met de toekenning van de Amsterdamse Prijs voor de Kunst voor zijn hele oeuvre in 1994.

1 Diederik Kraaijpoel, 'De tuin der Lusten', in: Diederik Kraaijpoel, *Matthijs Röling. Schilderijen*, Amsterdam, 1993, p.10
2 Galerie Mokum, *20 Jaar Nieuwe Realisten*, Amsterdam, 1982, p.76
3 Marianne Vermeyden, 'Hoe loopt dat schaap nou precies?', *NRC Handelsblad*, 29 april 1994
4 Frigo Visser, 'Matthijs Röling', in: Ruth Irmgard Dalinghaus, *Noordbeeld. Figuratieve kunst uit Noord-Nederland en Noordwest-Duitsland*, Tentoonstellingscatalogus Drents Museum, Assen, 1992, p.92
5 Sacha Tanja, *Uit de kunst van de bank. De kunstcollectie van de NMB Bank*, Amsterdam, 1992, p.50
6 Cathérine van Houts, 'De figuratieven bouwen aan een eigen museum', *Het Parool*, 3 april 1993
7 Marianne Vermeyden, op. cit. (zie noot 3)

Lente, 1975
olieverf op doek,
90,5 x 80,5 cm
ING collectie,
Amsterdam

Zomer, 1976
olieverf op doek,
90,5 x 80,5 cm
ING collectie,
Amsterdam

Matthijs Röling

Herfst, 1975-1976
olieverf op doek,
90,5 x 80,5 cm
ING collectie,
Amsterdam

Winter, 1975-1976
olieverf op doek,
90,5 x 80,5 cm
ING collectie,
Amsterdam

Tuin te Ezinge, 1987
olieverf op doek,
68 x 68 cm
Particuliere collectie

Sigmund II, 1986
olieverf op hard-
board, 39 x 38,5 cm
Collectie Frisia
Museum, Spanbroek

Zelfportret, 1971
olieverf op paneel,
21 x 19 cm
Collectie Galerie
Mokum, Amsterdam

Judith, 1975
olieverf op doek,
66 x 62 cm
Particuliere collectie

Piet Sebens (1961)

*'Op het moment dat het ene schilderij bijna af is,
ben ik alweer in gedachten bezig met
een voorwerp voor de volgende compositie.'*

Sebens vaste thema is het stilleven. Alledaagse en bijzondere voorwerpen, gedroogde bloemen, schedeltjes, schelpen, schaaltjes in soorten en maten, beeldjes en glanzende en kleurige stoffen worden op paneel of doek vereeuwigd. In zijn atelier staan stillevenobjecten netjes op een rij gereed om in de toekomst gebruikt te worden. Dingen die hem van nut lijken voor zijn schilderijen leent hij van vrienden of koopt hij.

Zijn voorkeur voor het stilleven wordt onder andere ingegeven doordat dat hij met constant licht en een vaste opstelling kan werken.[1] Soms zoekt hij dagenlang naar een bevredigende vlakverdeling. Grafische vormgeving heeft zijn liefde, zoals uit het gebruik van letters op zijn schilderijen blijkt.

Leeuwenkop I, 1991 laat een aantal objecten zien, verschillend van vorm, materiaal en kleur tegen een achtergrond van verschillende kleurvlakken. De aandacht van de toeschouwer gaat naar het gele doosje, terwijl de titel verwijst naar de half uitgepakte siersteen met een leeuwenkop die ernaast ligt. De donkerblauwe inktfles doorbreekt het grote blauwe achtervlak en vormt tegelijkertijd een verbinding met het blauwe papier waar de objecten op staan. Kleuren in de voorgrond vinden hun gelijke in de achtergrond; ronde en hoekige vormen contrasteren met elkaar. In het grijze vlak rechts heeft de schilder zijn signatuur in sierlijke letters en cijfers PS91 geschilderd.

Ondanks de behoefte om steeds nieuwe voorwerpen te schilderen, blijft de kom een constante. Vooral de Chinese exemplaren uit de Songperiode: eenvoudig van vorm, licht van kleur en met een prachtige huid. Wat Sebens aanspreekt in Chinese en Japanse objecten is hun verfijnde eenvoud en het perfectionisme waarmee ze zijn gemaakt. Hij vindt het prettig om een band met de voorwerpen te hebben. Sinds kort verzamelt hij aardewerk van de (inmiddels verdwenen) aardewerkfabriek Adco uit Ruischerbrug bij zijn woonplaats Groningen.

Wat telt is de emotionele en esthetische waarde van al deze dingen. Sebens noemt zichzelf schertsend een ledige estheet: schoonheid, eenvoud en ambachtelijkheid zijn belangrijk voor hem.

De *Jas van Goltzius*, 1994 verwijst niet naar de beroemde zestiende-, begin zeventiende-eeuwse graficus, maar naar een antiekwinkeltje in Groningen waar de jas gekocht is. De titel is bewust gekozen om verwarring over deze verwijzing te zaaien. De jas is waarschijnlijk een lama-jas uit Tibet, gemaakt van verschillende kostbare stoffen en versierd met diverse borduursels. Twee fijne elegante schaaltjes staan op de voorgrond.

Op 15 maart 1994 schreef Sebens in zijn dagboek: 'Vandaag en gisteren heb ik aan het gele vlak met patronen gewerkt. Ik had het als lastig ingeschat, dat bleek het ook te zijn, meer dan dat. Een half uur geleden heb ik alles er weer afgehaald, bah... twee dagen werk... Het patroon vereist toch een gedegener schets. Morgen maar doen'.

Meestal wordt het stilleven opgebouwd rond één hoofdonderwerp. Daar worden andere attributen bij gezocht. In deze fase wordt vaak gevoelsmatig gezocht naar de contrasten. Het zijn de formele aspecten van het schilderij die hem aanspreken. 'Maar', zegt hij, 'dan moet er een soort surplus zijn, het geheel moet meer zijn dan de som der delen.' Meer wil Sebens er eigenlijk niet over zeggen. Hij doet een beroep op de verbeelding en het vermogen tot associatie van de toeschouwer. De dingen moeten voor zich spreken. Ze hebben geen symbolische lading en dieper moeten we niet zoeken: 'Grote thema's en diepe boodschappen zijn aan mij niet erg besteed. Wanneer ik de mummies van twee dode muizen schilder, heb ik geen gedachten over de vergankelijkheid van het leven'.[2]

In *Olijfhouten vazen*, aan J.V., 1996 zijn twee houten vazen te zien die op een afgebrokkelde steen staan. Verdorde ranonkels liggen er voor. Een doosje en een verdroogde kalebas liggen op het tafelblad. De achtergrond wordt gevormd door takken met gedroogde hibiscus, een wit hesje en een wolkenlucht van Jacob van Ruijsdael tegen een beige wand.

Sebens schildert niet fijn, hoewel dat wel zo oogt. 'Je zou het gedetailleerd impressionisme kunnen noemen', zegt hij over zijn werk. Zijn schilderijen kunnen op een afstand gezien worden, maar dagen ook uit om ze van dichtbij te bekijken.

Zijn doeken zijn, bijna als die van een pointillist, opgebouwd uit verftoetsen van kleuren die elkaar deels overlappen en zodoende een levendig oppervlak vormen. De hoofdzaken in het werk worden in detail uitgewerkt. Dat schept een grote levendigheid in de verfhuid. 'Het spel tussen scherp en vaag, opdoemen en verdwijnen en versterken en afzwakken, is voor mij van groot belang.'[3]

Dit impressionisme komt niet alleen tot uitdrukking in zijn schilderswijze, maar ook in zijn fascinatie voor het licht. 'Door wisselend licht kan de werkelijkheid er ook zo verschillend uitzien. Dat boeit me.'[4]

In *Tafeltje van Hilda*, 1995 komt het licht van rechts, zoals dat ook het geval is in zijn atelier. Het strijkt over het tafelblad en verlicht de drie pompoenen. Alle nadruk valt op de vruchten, niet alleen door het licht, maar ook door de gedetailleerde uitwerking en de contrasterende kleur.

De weldadige luxe van voloptueuze pompoenen, de donkerblauwe lap en het Italiaanse affiche staan in schril contrast tot het gammele tafeltje met zijn scheve poten en verzakte tafelblad.

Strakke vormen scheppen naast organische een mooi contrast, evenals massieve naast open vormen. Hoewel mensen op de schilderijen ontbreken wordt hun aanwezigheid wel gevoeld. De objecten verwijzen naar de mensen en het gebruik wat ervan gemaakt wordt. 'Het contrast tussen organische, natuurlijke gegroeide vormen en geometrische door mensen gecreëerde vormen vind ik nog steeds heel boeiend.'[5] Het contrast wordt nog eens door de kleuren versterkt.

Sebens maakt voor zijn gevoel deel uit van de lange Nederlandse figuratieve traditie. Hij kijkt graag naar schilderijen van zijn voorgangers en tijdgenoten. Hoogtepunt in deze traditie is voor hem Johannes Vermeer. De manier waarop hij met licht zijn onderwerpen tot een eenheid smeedde, fascineert Sebens.

De *Theekist*, 1991-1992 is, zoals bij Vermeer, een spel met licht en contrasten. De bovenkant van de kist, de lap stof en de appeltjes zijn tot in detail uitgewerkt. De zijkant ervan is veel impressionistischer geschilderd; de letters op de wanden zijn nauwelijks of niet te lezen.

Sebens houdt van de combinatie van monumentaliteit en het 'gefriemel van kleurtjes'. 'De sierappeltjes die ik op dit schilderij heb afgebeeld waren zo dieprood van kleur. Echt een lust voor het oog.'[6]

Is een stilleven eenmaal opgezet dan maakt hij een exacte voorstudie in tekening, waarin compositie en kadrering worden vastgelegd. Hij schildert vaak op masoniet (watervast hardboard). De onderlaag wordt in acrylverf geschilderd. Daarna gaat hij over op olieverf. De schilder werkt langzaam met kleine penselen en kleine paletmesjes. Bovendien werkt hij bijna uitsluitend bij daglicht vanwege de mooie diffuse schaduwen. Het noorderlicht komt van rechts. Sebens geeft zijn kopers dan ook op de achterzijde van zijn werk het advies het werk zo te hangen dat het daglicht van rechts komt.

1 Gegevens zijn ontleend aan een gesprek met de kunstenaar door de auteur d.d. 27 februari 2001
2 Piet Sebens, 'De orde der dingen', in: Piet Sebens, *Met Intens Genoegen*, Marum, 2000, p.24
3 Tekst op uitnodigingskaart voor een tentoonstelling bij Beikes' Kunstzaal te Groningen, 1997
4 Herman Paul, 'Groningse stillevens met daglicht van rechts', *Nederlands Dagblad*, 15 maart 1997
5 Sacha Tanja e.a., *ING collectie. Een selectie*. Amsterdam, 1998, p.136
6 Piet Sebens, *Piet Sebens. Schilderijen*, Groningen, 1996, p.4

Olijfhouten vazen,
1996
olieverf op paneel,
54 x 54 cm
Collectie Houtman

Collegiaal stilleven,
1998
olieverf op paneel,
78 x 72 cm
Collectie Houtman

Piet Sebens

Tafeltje van Hilda, 1995
acryl en olieverf op doek, 100 x 83 cm
ING collectie, Amsterdam

Heksenballetjes, 1991
olieverf op paneel, 33 x 25 cm
ING collectie, Amsterdam

Leeuwenkop I, 1991
acryl en olieverf op paneel, 44,5 x 65 cm
ING collectie, Amsterdam

De jas van Goltzius, 1994
olieverf over acryl op paneel, 75 x 65 cm
Particuliere collectie

D'Alto-Tajo, terracotta vazen, 1994
olieverf over acryl op paneel, 28,5 x 41 cm
Particuliere collectie

Theekist, 1991-1992
olieverf over acryl op masoniet, 86,5 x 60,5 cm
Particuliere collectie

Bernardien Sternheim (1948)

'Ik ben er op uit een ontroerend schilderij te maken.'

Bernardien Sternheim schildert het liefst portretten en zelfportretten.[1] Het handige van het eigen gezicht als model, is dat het ook 's nachts beschikbaar is. Dan komen soms heftige emoties boven en Sternheim wil die op dat moment kunnen verbeelden. Schilderen is voor haar nauw verbonden met de eigen gevoelens en het verwerken van confrontaties met anderen. Haar werk is erg persoonlijk. Het vertelt verhalen over wat gebeurt of net gebeurd is. Ze kan niet iets creëren dat niet met haarzelf te maken heeft. 'Mijn schilderijen zijn zo super persoonlijk, dat ik twintig jaar lang heb geweigerd om in het commerciële circuit mee te draaien.'[2] Ze had het gevoel alsof ze afstand moest doen van haar 'kinderen'.

Ze verbeeldt dwingende, dramatische beelden van mensen op hun kwetsbaarst. Haar doel is om schilderijen te maken, die mensen niet onberoerd laten. Ook al is het persoonlijk wat ze maakt, anderen moeten er eveneens door geraakt kunnen worden. Aan de hand van de modellen, familie en vrienden die voor haar poseren, en haar zelfportret vertelt ze haar eigen verhaal. Het komt ook vaak voor dat ze figuren in de voorstelling heeft verzonnen.

In *Opera*, 1998 zitten mensen in hun stoelen te wachten tot de voorstelling begint. Er heerst de gespannen verwachting van iets leuks dat zo gaat beginnen en waar men zich op verheugt. Sommige bezoekers zijn nog op zoek naar hun plaats. Anderen zitten al. Zij zijn allemaal ergens druk mee bezig: praten, luisteren, lezen, kijken, nadenken enz.. Op de voorste rij heeft Sternheim zichzelf afgebeeld. Zij negeert het gebaar van haar partner die een jas om haar heen wil leggen. Onder de oppervlakte schuilen blijkbaar nog andere spanningen.

Het werk van Bernardien Sternheim laat zich niet direct begrijpen. Ze heeft ook niet de intentie de toeschouwer alles kant en klaar aan te reiken. Veel van haar werk gaat over de verhouding tussen man en vrouw en de verwerking van een gepassioneerde liefdesrelatie die stuk liep. Het overstijgt het strikt persoonlijke door de wijze waarop zij haar thema's herkenbaar maakt en de dramatische lading die zij er aan geeft.

't Vuurtje, 1999 toont twee vrouwen in een deuropening van twee belendende huizen. De één staat schaars gekleed te kijken naar de langslopende mannen. De ander, nog ontkleed, laat een klant uit. Beide vrouwen vertonen grote gelijkenis. Alle twee kijken ze even treurig.

De mannen zijn druk bezig. Twee lopen weg vooraan op het doek, de twee rechts staan te onderhandelen en de twee links houden zich bezig met het vuurtje voor een sigaret. Het opvallendst is de man met de paraplu in het midden. Ondanks de broeierige sfeer loopt hij stoïcijns door, blind voor wat er om hem heen gebeurt.

Het werk is met grote aandacht voor detail geschilderd. Alleen het hoogst noodzakelijke is afgebeeld: de nummers op de huizen, de bakstenen en de kozijnen, de mannen en hun nette pakken en de half ontklede vrouwen. Een sterk licht-donker contrast wordt gecreëerd door het schijnsel van het vuurtje. De hand ervoor wordt bijna transparant.

Wat we in deze voorstelling kunnen lezen, wordt aan onze eigen verbeelding over gelaten. Sternheim geeft alleen maar aanwijzingen.

Haar werk gaat altijd over mensen. Ze vormen symbolen, waar ze iets van zichzelf op projecteert. Daarom vinden we ook vaak haar zelfportret in de werken terug.

In *Paradise*, 1998 is een kaartjesloket afgebeeld. De vrouw achter het loket is geheel verdiept in haar boek dat 'Paradise' heet. Het lamplicht van haar hokje verlicht haar gezicht, zodat het duidelijk zichtbaar is door het ronde raampje. Links in de schaduw staat een man een sigaret te roken, regenjas en paraplu aan de arm. Zijn houding drukt uit dat hij staat te wachten. De schaduw van zijn hoed valt gedeeltelijk over zijn ogen, zodat we zijn blik niet kunnen peilen.

De titel van het doek is geheel in strijd met de sfeer van eenzaamheid en gebrek aan communicatie tussen man en vrouw.

De scherp getekende portretten en de sterke licht-donker werking op de schilderijen toont de invloed van Pyke Koch. Sternheim heeft altijd grote bewondering voor Koch gehad.

Het opzetten van een vrij werk is het leukst, vindt de kunstenares. In snelle gepassioneerde lijnen zet zij de voorstelling op. Ze heeft geen vooropgezet idee van wat ze gaat schilderen. Het beeld vloeit gewoon voort uit haar penseel. Ze vertrouwt daarbij blindelings op haar intuïtie. Daarna schildert ze met steeds kleinere kwasten. Dat vraagt zoveel concentratie, dat de passie wordt omgezet in meditatie. 'En dan nog de terreur van het realisme. Het opzetten en verzinnen is leuk, maar dan... Dick Ket had gelijk; je bent martelaar van het marterhaar. Het is zelfdwang en worstelen tot de laatste snik. Het laatste stadium is het moeilijkst. Je stelt het uit, maar uiteindelijk moet de puzzel toch in elkaar gaan vallen. Op het laatst moet de magie erin worden gebracht. Dat is lijden, pure hel.'[3]

Stairway to Heaven, 1998 bevat in de licht-donker compositie en door sober kleurgebruik deze spanning. Zoals ook in haar andere werk is te zien, worden alleen mensen en de meest noodzakelijke entourage afgebeeld.

Dit doek toont op de voorgrond twee vrouwen in avondtoilet. Beiden zijn naar de toeschouwer gekeerd, terwijl de mannen op de rug gezien worden. Het is tien voor twaalf. Een echtpaar komt de trap af. Voor hen loopt een man in uniform. Het is niet duidelijk of hij daar werkt of op bezoek is, temeer omdat hij zijn handen in zijn zakken heeft. Voor een werknemer zou dat niet gepast zijn.

De jonge blonde vrouw met haar volle borsten staat in het middelpunt. De vrouw achter haar is ouder en valt minder op. De weg naar de hemel kan hier tweeledig worden opgevat. Of het betreft het plezier dat de jonge vrouw die avond staat te wachten met al deze galante heren om haar heen, of het is de ouderdom als het begin van het einde.

Sternheim is één van de kunstenaars die via galerie Mokum in Amsterdam haar werk verkoopt. Het schilderij *35 jaar Galerie Mokum*, 1997 kan gezien worden als een voorstelling, die ter ere van het 35 jarig bestaan van de galerie is gemaakt. Mensen die de galerie kennen, zoeken naar bekenden op de voorstelling. We menen Sternheims gezicht afgebeeld te zien, zoals van de vrouw met de rode handschoenen. Toch zijn alle figuren op het doek verzonnen. Ook hier laat de kunstenares ruimte aan de toeschouwer voor een eigen interpretatie.

Sternheim schildert, omdat ze niet anders kan; het is een obsessie voor haar. 'Het grootste nadeel van dit beroep is dan ook de eenzaamheid.' Ze heeft niet het gevoel ooit een keuze te hebben gehad. Voor haar is schilderen een noodzaak om de angst voor de dood te bezweren en om te scheppen, iets nieuws te maken. Maar uiteindelijk is er ook het plezier van het werken met verf en doek.

1 Gegevens voor dit artikel zijn ontleend aan een gesprek met de kunstenares door de auteur d.d. 30 januari 2001

2 Raymond Bouwman (red.), *30 jaar realisten*, Amsterdam, 1992, p.109

3 Raymond Bouwman (red.), op.cit (zie noot 2)

God, 1998
olieverf op doek,
70 x 70 cm
ING collectie,
Amsterdam

Paradise, 1998
olieverf op doek,
100 x 100 cm
ING collectie,
Amsterdam

't Vuurtje, 1999
olieverf op doek,
100 x 150 cm
Collectie Houtman

35 jaar Galerie Mokum, 1997
olieverf op doek,
100 x 120 cm
Collectie E.V. Aremia

Opera, 1998
olieverf op doek,
120 x 140 cm
Collectie E.V. Aremia

Exit, 2000
olieverf op doek,
110 x 125 cm
Particuliere collectie

Bernardien Sternheim

Stairway to Heaven,
1998
olieverf op doek,
100 x 110 cm
Collectie E.V. Aremia

Frans Stuurman (1952)

'Het is spannend om dingen te schilderen die de meeste mensen niet als mooi of interessant ervaren.'

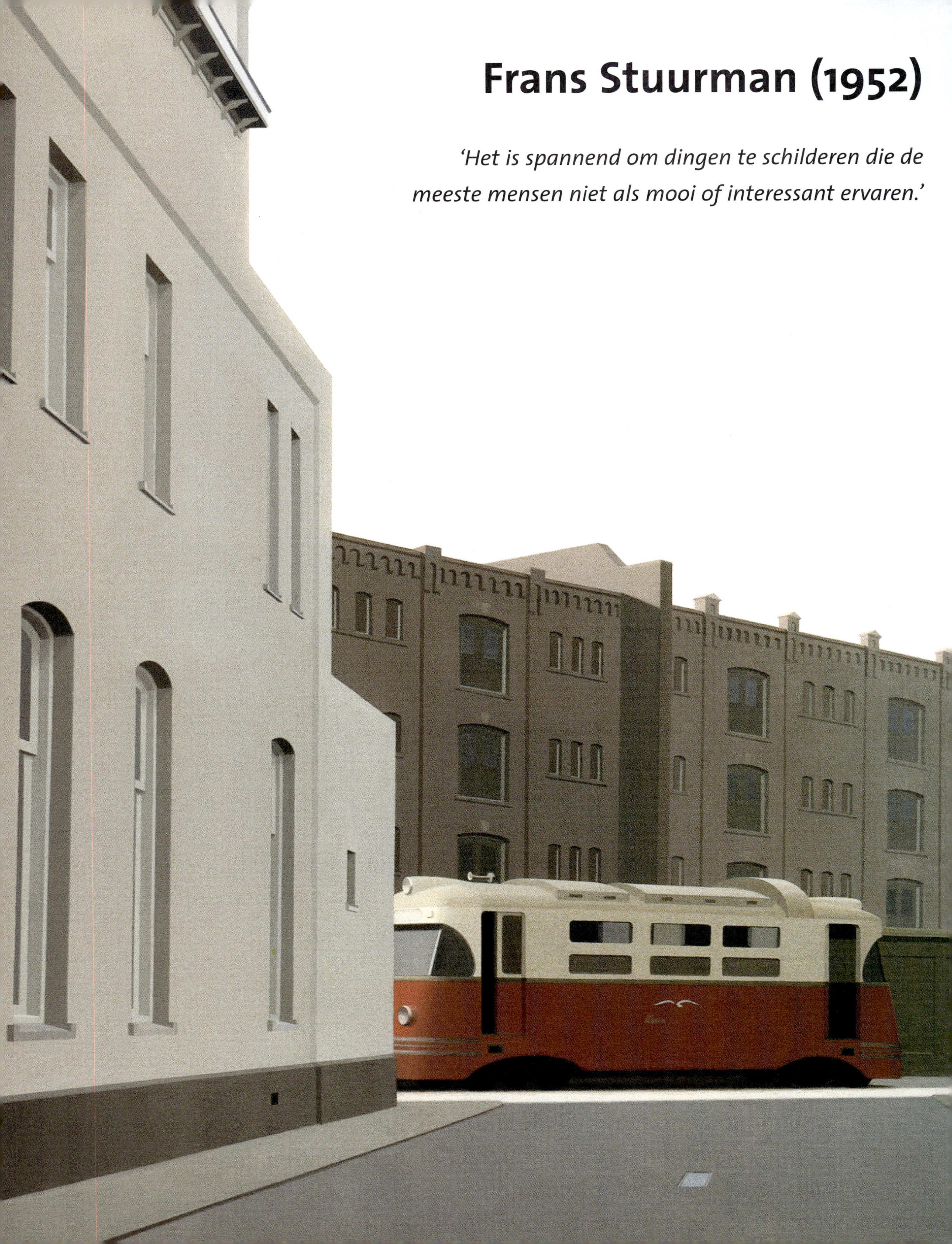

Rotterdam speelt een belangrijke rol in het werk van Frans Stuurman. Hij is er geboren en getogen en woont en werkt er nog steeds.[1] 'In mijn werk speelt de plek waar ik geboren ben en waar ik nog steeds woon, een zeer belangrijke rol. In mijn jeugd bracht ik veel tijd door om en in de tramremise tegenover ons huis.'[2]

Die fascinatie voor trams, tramremises, treinen, treinstations en gebouwen en straten zien we als vast thema in zijn werk terug. De voorstellingen zijn gevat in een zacht melancholiek licht van de vroege morgen of de late namiddag.

De Meeuw, 1994 is de verbeelding van een diesellocomotief van de Rotterdamsche Tramweg Maatschappij. Hij staat stil en er lijkt niemand in te zitten. Passagiers vervoert hij niet. De titel van het werk verwijst naar de meeuw die we op de zijkant van de locomotief zien afgebeeld. Het schilderij is opgebouwd uit grote vlakken van dicht tegen elkaar liggende kleuren. Hun egaliteit wordt gebroken door de ramen in de muren en het kleine witte voorwerp op straat. De lucht geeft ruimte aan het beeld, evenals de straal zonlicht die langs de locomotief valt. De voorstelling is verstild, gestold in het moment, zoals bij een foto.

Op Stuurmans doeken is steeds de menselijke hand aanwezig, maar ontbreken mensen en menselijke activiteiten. Zij zijn niet nodig om het beeld zijn lading te geven, vindt de kunstenaar.

Op het schilderij van het *Antwerpen Centraal*, 1996 is een trein bezig te vertrekken, maar de perrons zijn leeg; er is niemand te zien. Toch is de menselijke aanwezigheid voelbaar in de brandende rode achterlichten van de trein en de felgekleurde reclameaffiches links tegen de wand.

Stuurman doet ideeën op voor nieuwe onderwerpen door rond te fietsen of te lopen door de stad. Behalve in Rotterdam reist hij onder andere ook naar Den Haag, Gouda, Antwerpen en Brussel. Hij houdt er van om dingen te schilderen die andere mensen niet mooi of interessant vinden. Op zijn tochten kijkt hij rond en laat zich verrassen door mooie plekjes, voertuigen of interessante gebouwen. Onderweg maakt hij snelle schetsen of een foto, die als geheugensteun dienen. Wat hij probeert vast te leggen is de eerste sensatie, de eerste indruk. Die wil hij vasthouden en schilderen. 'Elk schilderij is mijn eigen verhaal, geen kopie van de werkelijkheid.' Meestal gaat hij een paar keer naar de plek terug om het geheel en de details nog eens goed te bekijken en de sfeer goed vast te leggen.

In *Interieur*, 1989 heeft hij de geheimzinnigheid gevat van trams dicht opeen geparkeerd in een donkere remise. Zij lijken een eigen leven te leiden, waaraan wij mensen geen deel hebben. Er gaat iets geheimzinnigs van uit, dat wij ook aantreffen op de schilderijen van Pyke Koch.

Stuurman schildert naar de werkelijkheid, maar hij zet deze wel naar zijn hand. Soms schildert hij gebouwen of straten die inmiddels verdwenen zijn. Als kind al was hij onder de indruk van de foto's, tekeningen, schilderijen en reproducties van de stad van vóór de oorlog die hij bij kennissen aan de wand zag hangen. Dat veel gebouwen en straten bij het bombardement verdwenen waren, gaf extra magie. Als kind probeerde hij thuis die stadslandschappen uit zijn hoofd na te tekenen.

De remise van de *Nationale Maatschappij van Buurtspoorwegen*, 1983-1986 is hier vereeuwigd in een verstild beeld. Inmiddels zijn de gebouwtjes links verdwenen en is de omgeving volgebouwd.

De zwaarte van de vlakken die de straat, het gebouw en de lucht vormen, wordt opgeheven door de dunne draden en rails die de vlakken in een kruispatroon doorsnijden. De voorstelling krijgt levendigheid door de tram, die net om de hoek naast de remise staat geparkeerd.

De tegenstelling tussen licht en donker vinden we terug in veel voorstellingen van Stuurman. Zij roepen een eigen spanning op het doek op en scheppen een grote dieptewerking. Dit zien we ook terug in *De busgarage*, 1993. Achterin de garage is het zo duister dat we de achterwand nauwelijks meer kunnen zien. Het licht valt aan de voorkant naar binnen. De sterke perspectiefwerking door de strakke lijnen van het garagegebouw trekt de blik van de toeschouwer nadrukkelijk naar binnen. De strakheid van de lijnen wordt genuanceerd door de ronde, gele vormen van de bus. Hoewel er geen mensen aanwezig zijn, vermoeden we ze dicht in de buurt, want hun fietsen staan tegen de wand. 'Ik schilder mijn eigen verhaal, niet alleen de remise. Ik schilder in die beelden ook de depotchef, de mensen die er werken, de man die het gebouw in de gaten houdt, ook al staan ze er niet levensgroot in.'[3]

Er is geen wanorde en rommel te zien; alles staat op zijn plek. De compositie is opgebouwd uit vlakken met weinig details. 'Details schilder ik alleen als ze echt nodig zijn voor het totaalbeeld', aldus Stuurman.

Het schilderij straalt rust uit en 'zuigt' de toeschouwer in het beeld door zijn nadrukkelijke centraal perspectieflijnen. In bijna al Stuurmans schilderijen is dit effect te vinden. Het trekt de blik van de toeschouwer het schilderij in en vestigt de aandacht van de kijker doelgericht op een moment in de tijd, om even stil te houden en te kijken. 'Je moet in mijn schilderijen kunnen wandelen', vindt Stuurman.[4]
Opvallend is zijn romantisch kleurgevoel, dat vooral tot zijn recht komt in de weergave van het licht. De combinatie van warme en koele kleuren en de subtiele schaduwwerking werpt een eigen spanning op. Het werk roept associaties op met dat van de magisch realisten en Stuurman voelt zich dan ook verwant met hen. De compositie en de rustige, enigszins melancholieke belichting lijkt eveneens verwant aan de Italiaanse metafysische schilderkunst, met name aan het werk van Mario Sironi.

Van de vele onderwerpen die Stuurman op zijn tochten tegenkomt, selecteert hij uiteindelijk maar een enkele voor een schilderij. Thuis maakt hij schetsjes van wat hij gezien heeft en de moeite waard vindt om te onthouden. Daarna maakt hij met aquarel ingekleurde werktekeningen. Uiteindelijk kiest de kunstenaar een onderwerp dat is blijven hangen in zijn geheugen. Er zijn ook beelden die langzamerhand wegebben.

Stuurman moet een strikte keuze in zijn onderwerpen maken, omdat hij langzaam werkt.

Hij begint zijn linnen te prepareren met twee of drie lagen gesso. Met houtskool, dat hij daarna zoveel mogelijk weer verwijdert, worden de contouren opgezet. De eerste opzet is grof, in grote vlakken, opgezet met varkensharen penselen en de verf verdund met terpentine. Uitsluitend olieverf komt er aan te pas, dekkend aangebracht. Olieverf heeft een lange droogtijd. Wanneer de hoofdvorm goed is, kan Stuurman doorgaan. De verf brengt hij vlak en zeer nauwkeurig aan met zachte en fijne penselen. In het algemeen werkt Stuurman lang aan een schilderij en verandert hij veel aan de compositie tot hij echt tevreden is. Dat kan soms een paar jaar duren. Meestal werkt hij aan meerdere schilderijen tegelijk.

1 Gegevens voor dit artikel zijn ontleend aan een gesprek met de kunstenaar door de auteur d.d. 24 januari 2001
2 Sacha Tanja e.a., *ING-collectie. Een selectie*, Amsterdam, 1998, p.84
3 Sacha Tanja e.a., op. cit. (zie noot 2)
4 op. cit. (zie noot 1)

De busgarage, 1993
olieverf op doek,
67 x 102 cm
ING collectie,
Amsterdam

Elizabethstraat,
1986-1988
olieverf op doek,
80 x 65 cm
Caldic Collectie,
Rotterdam

Interieur, 1989
olieverf op doek,
64,5 x 99,5 cm
ING collectie,
Amsterdam

Nationale Maatschappij van Buurtspoorwegen,
1983-1986
olieverf op doek,
102 x 68 cm
ING collectie,
Amsterdam

Antwerpen Centraal, 1996
olieverf op doek,
65 x 80 cm
ING collectie,
Amsterdam

De Meeuw, 1994
olieverf op doek,
65 x 80 cm
ING collectie,
Amsterdam

Remise Hillegersberg,
1983
olieverf op doek,
80 x 65 cm
Caldic Collectie,
Rotterdam

Jan van Tongeren (1897-1991)

'Schilderen is het aanbrengen van orde.'

In het Algemeen Handelsblad merkte de criticus Huygens in 1947 op: 'Jan van Tongeren getuigt van een buitengewoon technische vaardigheid. Hij, met een paar anderen, vormen in elk geval een taai 'schild' tegen het alle bestaande waarden ondermijnend anarchisme der experimentelen'.[1]

Als vertegenwoordiger van de realistische schilderstraditie van na de oorlog kent het werk van Van Tongeren een lange geschiedenis. Het schilderen heeft hij zichzelf geleerd en via een impressionistische stijl kwam hij geleidelijk tot de ontdekking dat het realistisch schilderen hem het beste lag. De eerste werken dateren uit de late jaren dertig. Van Tongeren had contact met Carel Willink en Hynckes en voelde zich met hen verwant. Wat hij in deze schilders waardeerde was hun literaire kant, niet het magische, en de architectonische opbouw van het werk.[2]

Geleidelijk ontwikkelde Van Tongeren een eigen stijl die ondanks de eenvoud van zijn thematiek zeer herkenbaar is.

Van Tongeren schilderde vooral stillevens, soms ook stadsgezichten. Hij hield van eenvoudige voorwerpen zonder veel versiering die hij tot een harmonische compositie rangschikte en vervolgens schilderde. Theepotten, kannen, doosjes, keukendoeken, vruchten en andere dingen werden op het doek gezet. Over het rangschikken van de objecten kon hij lang doen. Had hij een compositie zoals het ongeveer moest worden, dan haalde hij weer van alles weg om uiteindelijk tot de essentie te komen: alleen het allernoodzakelijkste bleef staan. Van Tongeren wilde een 'geheel' maken, een evenwichtige compositie van vorm en kleur. Daarbij zocht hij vaak naar aparte kleureffecten.

In *Stilleven met Chinese theepot*, 1975 heeft de kunstenaar een subtiele combinatie gecreëerd van groenen en blauwen. De groene theepot is een donkerder variatie in groen van het kleedje rechts op de tafel, terwijl de tafel op zijn beurt weer een donkerder variatie is van de theepot. Hetzelfde gaat op voor de blauwe stoel en de tegeltjes in een lichtere tint, terwijl in de voegen tussen de tegels het groen terug komt.

De witte objecten op de tafel en de witte tube verf op de stoel drukken door hun kleur gewicht uit en houden de tafel en stoel als het ware op hun plaats; anders zouden deze in de ruimte gaan 'zweven'.

Opvallend is dat de objecten zonder stofuitdrukking zijn geschilderd. Het licht dient alleen om de vorm te accentueren; spiegeling op glazen of metalen objecten verbeeldde Van Tongeren hoogstens door wat extra kleuraccenten. Hij suggereerde een huid over de dingen die tevens de huid over het hele schilderij is. De objecten leiden geen eigen leven, maar blijven kleurvlakken op het doek.

Stilleven met witte koffiekan, 1976 is een compositie waarin lichte en donkere, hoekige en ronde vormen een geheel vormen. De witte koffiepot, omgedraaide koffiekom en doos vormen een eenheid in kleur, maar een tegenstelling in vorm. Iets vergelijkbaars is te zien tussen de ronde vorm van de grijze schaal en de hoekige vorm van de beige enveloppes, terwijl de hoekige vorm van het groene kleed en het blauwe tafelblad een tegenhanger vinden in de gekreukelde groen-blauwe doek die half op de witte doos ligt.

Het werk van Van Tongeren is koel, onpersoonlijk en onliterair. De schilder kende geen engagement in zijn werk. Het ging hem om de constructie van vlakken op het doek en de waarde van de objecten om hun vorm (rond, ellips e.d.). 'Zijn aandacht is dus op betrekkelijk abstracte waarden gericht.'[3] Ronde vormen worden gecombineerd met hoekige, ellipsvormige of bolle. De objecten moeten als het ware in de vorm passen. Niet het object maar de abstracte vorm is uitgangspunt van het denken. 'Een kruik interesseert me op dat moment niet als kruik, maar het gaat me dan vooral om de ruimtes tussen de voorwerpen, de abstractie. Het zijn dus de vlakken die ik invul.'[4]

Hierin herkennen we de invloed van de kubisten. Van Tongeren was een bewonderaar van Georges Braque en Juan Gris. Hij beoogde een vergelijkbare abstractie te bereiken door het rangschikken van vormen en vlakken in een compositie.

In *Stilleven met kan en grapefruits*, 1983 vormen de ronde zwarte kan en de grapefruits een eenheid in vorm en contrasteren ze sterk in kleur. De stoel contrasteert in beide opzichten. Het fijne raamwerk van de leuning vormt een tegenhanger ten opzichte van de massieve vlakken aan de achterwand en de zwarte kan. De stijfheid van de compositie wordt doorbroken door het kleed rechts dat met zijn plooien en patroontje de eenvormigheid van de andere vlakken tegengaat.

Mensen komen in zijn werk niet voor, maar zij zijn wel aanwezig in de dingen. De stillevens worden gevormd door potten, schalen, dozen, beelden en meubels die door mensenhanden zijn gemaakt. We zien zelden bloemen of vruchten.

De aandacht voor de objecten, de zorg waarmee ze geschilderd werden, toont ook zijn liefde voor de dingen die er zijn die hij waarnam in de wereld om hem heen.

In zijn aandacht voor alledaagse voorwerpen herkennen we de invloed van befaamde stillevenschilders als Willem Claesz. Heda, Cézanne en Giorgio Morandi.

Een strandemmertje en een schepje zijn afgebeeld op het *Stilleven met oranje-rode accenten*, 1973. Ook hier speelt de kunstenaar een spel met vorm en kleur. Op de tafel vormen de ronde schaal en het emmertje een tegenhanger tot het vierkante doosje. De grijze ronde schaal contrasteert in vorm en kleur met het donkerder tafelblad, maar alleen in vorm met het grijze vlak op de achterwand, zoals ook het groenblauwe emmertje met het papier onder de grijze schaal. Tenslotte vindt het ronde vlak van de binnenkant van de emmer een tegenpool in het vierkante oranje papier in de schaal en vormt het schepje een verbinding tussen beide.

Net als de synthetisch kubisten begon Van Tongeren met een schilderij vanuit een abstracte compositie, zoals het vaststellen van een kleurencombinatie of het samenstellen van vormen. Dit gebeurde nog erg globaal; het ging bijvoorbeeld meer om de vraag of het doek in koele of in warme kleuren geschilderd ging worden. Dat was mede afhankelijk van wat hij eerder had gemaakt.

Een werk als *Stilleven met witte kan en stoel*, 1967 is een doek met sober gehouden grijsgroene en grijze tinten. Had hij de kleurtoon eenmaal vastgesteld, dan kwam Van Tongeren tot de keuze van de voorstelling. Hij zocht voorwerpen die in de kleurtoon vielen en een samenhang hadden met de achtergrond. Soms was het nodig de kleur van het voorwerp op het doek aan te passen. Zo vinden we op Van Tongerens schilderijen soms dezelfde voorwerpen terug, maar in verschillende kleuren verbeeld. De stoel op dit stilleven is min of meer identiek aan die op het *Stilleven met kan en grapefruits*. Waarschijnlijk heeft hij het motief op de leuning iets aangepast om compositorische redenen. De kan daarentegen is gekozen om zijn massieve witte ronde vorm.

Was de compositie eenmaal bepaald, dan werd vervolgens het formaat van het schilderij vastgesteld door de voorstelling op kleine stukjes papier te tekenen. Daarna zette hij de tekening over op een groter formaat papier en bracht de kleuren met waterverf op. Uiteindelijk zette hij de voorstelling in houtskool op het doek en werkte het op zeer ambachtelijke wijze uit met kleine paletjes, waarmee hij de kleuren combineerde. Van Tongeren werkte aan één schilderij.

1 Geciteerd in Adriaan Venema, *Jan van Tongeren*, Amsterdam, 1977, p.54
2 Lambert Tegenbosch, 'Een middag in juli' in: Hans Redeker, *8 Realisten*, Haarlem, 1975, p.35
3 Hans Sizoo, *Jan van Tongeren. Schilderijententoonstelling*, Den Haag, 1982, p.3
4 Adriaan Venema, op. cit., (zie noot 1), p.58

Stilleven met witte kan en stoel, 1967
olieverf op doek,
67 x 78 cm
ING collectie,
Amsterdam

Jan van Tongeren,
Stilleven met Chinese theepot, 1975
olieverf op doek,
58,5 x 68,5 cm
ING collectie,
Amsterdam

Stilleven met kan en grapefruits, 1983
olieverf op doek,
70 x 70 cm
Collectie Dennis Møgelgaard, Virum (Denemarken)

Stilleven met oranje-rode accenten, 1973
olieverf op doek,
50 x 70 cm
Collectie Dennis Møgelgaard, Virum (Denemarken)

Stilleven met witte koffiekan, 1976
olieverf op doek,
60 x 75 cm
Collectie Dennis Møgelgaard, Virum (Denemarken)

Herfst, 1976
olieverf op doek,
65 x 75 cm
Particuliere collectie

Stilleven, 1977
olieverf op doek,
65 x 80 cm
ING collectie,
Amsterdam

Willem van Veldhuizen (1954)

'Ik laat eigenlijk niets van mezelf in het schilderij zien.'

'Het zal wat vreemd klinken, maar de eerste keer dat ik die geweldige schok van herkenning kreeg was op een herdenkingstentoonstelling van Mark Rothko (1903-1970) (...) En ofschoon ik mij helemaal niet ontwikkeld heb in de richting van dit soort abstract expressionisme, heeft dit werk van Rothko mij toch de impuls gegeven mijn eigen weg te gaan. Omdat ik zag dat het mogelijk is met schilderkunst een eigen houding aan te nemen.'[1]

Wat Willem van Veldhuizen raakte in het werk van Rothko was het zoeken naar een balans op het platte vlak, de aantrekkingskracht van het grote kleurenvlak en de vibratie van de kleuren op zo'n groot doek.[2]

In de schilderijen van Van Veldhuizen zien we deze fascinatie terug in de schilderijen van grote vloeroppervlakten van interieurs van musea. Musea bieden hem de goede ruimtes: ze zijn prestigieus met veel aandacht voor de architectuur en tegelijkertijd zijn ze sober om de kunst alle ruimte te geven. Niet dat hij de zalen letterlijk naschildert, want door verandering van de compositie schept hij fictieve ruimtes en wordt het uitzicht aangepast aan wat mooi is.

Door moderne musea te bezoeken worden hem motieven geboden voor een nieuw schilderij. 'Als ik in een bepaalde ruimte ben en onder de indruk raak van de sfeer, de rust, de koelheid ervan, dan brengt dat emotioneel iets bij me teweeg. Dan gaan mijn haren en voelsprieten overeind staan om te kijken hoe ik dat in een vorm kan gieten. Op het moment dat het in mijn hoofd vorm krijgt, wordt het gevoelsmatig weggedrukt en dat wordt dan vertaald naar een rationele oplossing.' De aantrekkingskracht tot het onderwerp is gevoelsmatig, terwijl de weerslag ervan een rationeel proces is. 'Een directe verwijzing naar mij via een handschrift is er niet. Afstandelijk, dat wel. Ik laat eigenlijk niets van mezelf in het schilderij zien.'[3]

Van Veldhuizens schilderijen zijn over het algemeen volgens een vast patroon opgebouwd. Het bovenste, smalle gedeelte van het doek toont de achterwand of een glazen wand waar doorheen een tuin zichtbaar is met op de voorgrond een groot vloeroppervlak. De werkelijkheid van het gebouw of van de wereld daarbuiten weerspiegelt zich in de vloeren.

Het achterste gedeelte is tot in precisie geschilderd; dat werkt de kunstenaar eerst uit. Daarna bouwt hij de vloer op volgens een speciaal procedé, dat Van Veldhuizen inmiddels perfect beheerst. De onderlaag en de schaduwen worden eerst aangebracht. Daarna 'spettert' hij de verf over het doek. Kleur over kleur en laag over laag. Wat niet bespetterd mag worden, wordt eerst afgeplakt. Hij gebruikt de techniek op zo'n manier dat de verfspatten in ellipsvorm op het doek vallen. Dit is van belang voor de perspectivische werking. Daarna komt de afwerking en worden de tegels zichtbaar. Uiteindelijk brengt de schilder ongeveer veertig lagen glacis over het vloergedeelte aan om het zijn typische glanzende dieptewerking te geven. Overigens gebruikt hij deze spettertechniek ook vaak om de wanden extra licht-donker nuances te geven.

Discipline en grote technische vaardigheid zijn vereist voor het soort werk dat Van Veldhuizen maakt. Van Veldhuizen doet door zijn werkwijze drie tot vier maanden over een schilderij.

Invloeden van klassieke en klassiek-moderne meesters naast Rothko zijn op verschillende manieren in zijn werk terug te vinden. De schilder voelt zich verwant met Saenredam met zijn voorkeur voor kleuren die dicht bij elkaar liggen, diens verstilling en sacrale ruimtes. In zijn museuminterieurs citeert hij naar hartelust zijn favorieten in de kunst, waaronder Michelangelo, Picasso, Man Ray, Newman, Rietveld en Le Corbusier.

In het vroegere werk zijn de kleuren sober gehouden. Lichte tinten in fijne nuances zijn naast elkaar gezet om het evenwicht van harmonie, schoonheid en verstilling te bereiken.

Museuminterieur Pompidou Parijs, 1981 is een bijna geheel wit schilderij. Alleen de felrode Rietveld stoelen staan pontificaal hoog in het midden. Een luxaflex is dichtgeschoven, zodat de witte achterwand onderbroken wordt door een paars-blauw vlak dat een extra schaduwaccent geeft aan de vloer. De strakke, rechte lijnen worden slechts onderbroken door de ronde boog van de brug in de verte en de bladeren van de groene varen links. De stoelen verliezen hun strenge statigheid door de vrolijke gele kleurvlakjes.

In *Galleria del Academia I, Firenze*, 1984 is de *David* van Michelangelo te zien, maar zonder hoofd en schouders. De vloer met zijn grillige patroon lijkt op het eerste gezicht alle aandacht te trekken, maar telkens weer gaat de blik via de schaduwen naar het grote beeld middenin de voorstelling. De museumruimte zou het gevecht om aandacht van de toeschouwer helemaal van het imponerende beeld hebben verloren, ware het niet dat Van Veldhuizen de strijd heeft beslecht door de David gedeeltelijk af te beelden. Daardoor heeft hij de expositiezaal 'de ruimte' gegeven.

Zijn recentere werk kenmerkt zich door een expressiever kleurgebruik, waarbij de kleur minder ondergeschikt wordt aan de vorm. Ook de uitwerking van het interieur is minder gedetailleerd geworden, maar nog steeds staat het evenwicht tussen binnen en buiten of voor en achter centraal.

Een mooi voorbeeld is *Uffici*, 1992. De kleur rood overheerst; twee rode banken staan zwierig in de rode ruimte, maar het geheel wordt als het ware getemd door de strakke witte vloerlijnen. Uitbundigheid en discipline houden elkaar in evenwicht. In de vloer is de *Geboorte van Venus*, ca. 1480 van Sandro Botticelli weerspiegeld, eveneens een toonbeeld van zwierige maar vrouwelijke schoonheid, gevat in een strakke compositie van kleur en lijn. De kunstenaar weerspiegelt zich in zijn werk aan illustere oude meesters.

Metropolitan Light, N.Y.C., 1994 is veel drukker van compositie dan voorgaande werken. Lichtpatronen op de muur en de vloer, het lichtspel op de raamkozijnen die daardoor wit uitlichten en de drukke marmeren vloer scheppen steeds wisselende patronen van vooral verticale lijnen. Deze verticaliteit krijgt een tegenwicht in het massieve beeld van Antoine Bourdelle, *Hercules de boogschutter*, 1910, dat sterk horizontaal gericht is. De dynamiek van het beeld wordt tot rust gebracht door het verstilde lichtpatroon in de ruimte ernaast. Ondanks de vele elementen op het doek, toont de voorstelling een harmonisch evenwicht tussen beweging en rust.

In de schilderijen van Van Veldhuizen is de blikrichting van de voorstelling altijd van binnen het museumgebouw naar buiten gericht. *Stirling's rotonda*, 1995 laat ons als het ware al buiten op de binnenplaats van de Neue Staatliche Galerie te Stuttgart staan. Het nieuwe gebouw is ontworpen door de architect James Stirling en heeft buiten een ronde binnenplaats waar voorwerpen uit de oudheid worden geëxposeerd.

Houdt Van Veldhuizen een zekere distantie in zijn schilderijen, in zijn tekeningen zien we spontaniteit en directe expressie. Hij tekent mensfiguren en mannelijk en vrouwelijk naakt direct in inkt, een medium dat geen correctie toe laat. De kunstenaar laat dit werk (ten onrechte) nauwelijks aan de buitenwereld zien. Het tekenen is, volgens Van Veldhuizen, vooral bedoeld om de observatie goed te blijven trainen. Bovendien is het door het snelle resultaat een waardige tegenhanger van het trage schilderproces.

1 Frans Duister,'Willem van Veldhuizen; méér dan de ruimten alleen', *Kunstbeeld*, maart 1979, pp.12-13
2 Diverse gegevens zijn ontleend aan een gesprek met de kunstenaar door de auteur d.d. 24 januari 2001
3 Wouter Welling, 'De weerspiegelde waarneming', in: Willem van Veldhuizen, *Willem van Veldhuizen*, Rotterdam, 1991, p.16

Uffici, 1992
acryl op doek,
200 x 260 cm
Particuliere collectie

Metropolitan Four,
1994
acryl op doek,
90 x 110 cm
Particuliere collectie

Museuminterieur Pompidou, Parijs, 1981
acryl op doek,
130 x 160 cm
Particuliere collectie

Metropolitan Light, N.Y.C., 1994
acryl op doek,
95 x 120 cm
Particuliere collectie

Carré bleu I, 1995
acryl op doek,
110 x 90 cm
Particuliere collectie

Stirling's rotonda, 1995
acryl op doek,
110 x 90 cm
Collectie drs Loek
Brons BV, Amsterdam

Galleria del Academia I,
Firenze, 1984
acryl op doek,
250 x 160 cm
Particuliere collectie

Domestic scene with a narrow view, 1984
acryl op doek,
80 x 70 cm
Particuliere collectie

Aat Verhoog (1933)

'Wat ik probeer te bereiken is, dat de complexe inhoud met nogal wat verwijzingen niet leidt tot een schilderij dat er complex uitziet.'

Aat Verhoog is één van de kunstenaars die zich al in de jaren vijftig op het pad van het realisme begaf. Hierin stond hij onder invloed van Co Westerik.[1] Als graficus verdiende hij zijn eerste sporen in de kunst met het winnen van de Jacob Maris jeugdprijs voor grafiek in 1957.[2] Naast grafisch werk, aquarellen en schilderijen ontwerpt Verhoog boekomslagen, decors en kostuums en sinds enige jaren ook keramiek.

In zijn oeuvre is de mens het centrale onderwerp, 'anders is het niet interessant'. Hij verbeeldt deze in verhalende thema's, waar vaak een erotische lading aan toegevoegd is. De thema's doen zich vanzelf aan de kunstenaar voor. Hij ontleent zijn beelden aan de wereld om hem heen, zijn gezin en vrienden, maar neemt die nooit letterlijk over. 'Een schilderij van mij is altijd gebaseerd op een idee. Dat wil zeggen, het is altijd verzonnen, geconstrueerd, bijeengebracht.'[3]

Verhoog presenteert beelden die geen sluitend verhaal vormen, hoogstens uitnodigen tot het zoeken van een verklaring. In zijn doeken lijkt de complexiteit ogenschijnlijk afwezig; er heerst een aangename rust. Nadere beschouwing leert echter het tegendeel.

Verdrijving uit het paradijs, 1972-1974 gaat uit van de gedachte aan een gelukkig gezin, zittend in de natuur.[4] Vanuit deze gedachte associeerde Verhoog de natuur met het grasveld, maar het grasveld is eigenlijk geen echte natuur, maar een monocultuur teweeggebracht door de mens. De volgende associatie was die met de roos: een veld rozen als toppunt van een door de mens geschapen monocultuur. Door de nadrukkelijke manier waarop hij de rozen als in slagorde opgesteld verbeeldt, speelt hij ook met het cliché van de roos als beeld van liefde en de kitsch die er bij past.

De titel verwijst naar een afbeelding rechts in het schilderij. Een man wijst de ander dat hij weg moet gaan. Het paradijs blijkt maar tijdelijk, zoals de rozen maar tijdelijk mooi zijn.

Verhoog heeft hier de beeldtaal die door de eeuwen heen in de schilderkunst gebruikt werd om de verdrijving uit het Paradijs te verbeelden, in essentie gehandhaafd, ook al ontbreekt de Eva-figuur. Tevens verwijst hij naar de traditie van de zeventiende-eeuwse Hollandse schilderkunst, waarin schilderijen in interieurs vaak metaforisch duiden op wat de mensen daarbinnen bezig houdt of te wachten staat.[5]

Verhoog gebruikt vrijelijk citaten uit de kunstgeschiedenis en de media en schept daarmee eigen verhalende beelden. 'Eruditie, cultuur en historie worden niet gevoeld als belemmeringen van originaliteit, maar leveren het beeldmateriaal, waarmee soeverein en vrolijk wordt gespeeld.'[6]

In veel van zijn werken zien we Verhoogs liefde en bewondering voor vrouwen. 'De vrouw is een natuurkracht. Mannen zijn ten opzichte van vrouwen altijd blind, ze zijn onnozele hulpknechten.'[7] Wat hem raakt is de vrouwelijke intimiteit, het samen zijn en samen delen waar voor een man geen ruimte is. 'Ik schilder het liefst vrouwen, omdat ik van vrouwen houd. Ze hebben een aardsheid, een warmte, een intimiteit waarop ik jaloers ben.'[8]

L'après-midi bleu (blauwe namiddag), 1978 kan gezien worden als een ode aan de vrouw, verbonden met de aarde, de kiezels en de zee. De figuur van de vrouw is vaag gehouden; alleen haar onderbenen en schoenen zijn duidelijk herkenbaar. Tegenover de wat vage figuur en de zee, die we meer vermoeden dan goed zien, staan de uitgewerkte stoel en de kiezels. De stoel is een gecompliceerde constructie van witte lijnen die het vlak van de kiezels doorbreekt. De steentjes zijn stuk voor stuk afgebeeld.

Gerrit Kouwenaar begon zijn gedicht over dit schilderij aldus: 'Op de rand van het land en de zee / sluimert de muze in haar vlees / uit het kuise blauw van haar borsten / stippelt zij dromerig haar bloedige morse / onder haar puntgaaf vervalste zetel / liggen de kiezels zo groot als cliché's'.[9]

In het werk uit de jaren tachtig wordt het accent verlegd naar het spel tussen voor- en achtergrond. Het in elkaar vervloeien ervan en niet meer zozeer het contrast, het vreemde beeld komt centraal te staan.

Twee vriendinnen, 1986 verbeeldt twee vrouwen in ondergoed die elkaar omhelzen.

Op een zo abstract mogelijke manier probeert hij die intimiteit te verbeelden: 'Intimiteit met distantie verbeeld zoals een verteller dat ook in zijn woordkeus zou doen'. Tegelijk is de kunstenaar met ons toeschouwer. De erotiek heeft hij op subtiele manier in het werk geweven door de vrouwen niet naakt af te beelden, maar in ondergoed. 'Het belangrijkste is om clichés te vermijden en een nieuwe spanning op te roepen.'

Het patroon op de wand dat zich herhaalt in de ruimte daarachter laat het spel zien, waarin voor- en achtergond in elkaar overvloeien.

Verhoog schildert de buitenkant van mensen, dieren en dingen. Ze laten zich bekijken, vastgelegd in een moment, in de situatie van het ogenblik.

Tessa, 1980 toont een meisje, dat met een witte pet en een lange gele rok op een strand van kiezels zit. Het licht is egaal over de voorstelling verdeeld met een geringe schaduwwerking. Daardoor blijft de voorstelling plat, zonder veel diepte: het beeld lijkt vertrouwd, maar is dat niet.

De lijst dient hier om de ruimte van de eindeloze kiezels en de zee in te perken. Kiezels hebben voor Verhoog een speciale betekenis. 'Niet in de nabijheid van mensen (...), zelfs niet in de nabijheid van veel mensen voel ik mijn leven als volstrekt zinloos. Wel bij zoveel kiezels. Daarbij is de schilderkunstige uitdaging: ga er maar aan staan. (...).'[10]

Zij houdt van rood en rozen, 1992 is een schilderij, waarin verschillende thema's samenkomen. De jonge vrouw, de rozen en de vlakheid van het beeld zijn hierin terug te vinden. De vrouw zit op de tafelrand. Van het tafelblad zien we alleen de zijkant, zodat de diepte ontbreekt. De ruimte rechts achter wordt slechts gesuggereerd door verandering van het rood. De bos rozen vormt een schakering van het rood tegen de wand. Een mannequin, een mannetje dat gebruikt werd door achttiende-eeuwse modeontwerpers, zit op de tafel ervoor.[11]

Verhoog schept met zoveel mogelijk variaties in rood een boeiend beeld, dat de aandacht van de toeschouwer weet vast te houden.

1 Lo van Driel, Aat Verhoog, *Aat Verhoog. De schilder en zijn verhaal*, Venlo, 1993, p.10
2 Chris de Boer, *Aat Verhoog. Litho's en etsen*, Voorburg, 1993, p.137
3 Lo van Driel, Aat Verhoog, op. cit. (zie noot 1), p.6
4 Dolf Welling, 'Aat Verhoog in Nederland', in: Louis Coolen e.a., *Aat Verhoog*, Venlo, 1979, p.28
5 Dolf Welling, op. cit., p.31
6 Maarten van Nierop, 'Drie verhalen van een realist', op. cit. (zie noot 4), p.10
7 Bibeb, 'Vrouwen hebben een aardsheid, een warmte, een intimiteit waarop ik jaloers ben. Vrouwen moet je verwennen', *Vrij Nederland*, 25 februari 1989
8 Bibeb, op. cit.
9 Chris de Boer, *Aat Verhoog. De schilder en zijn model*, Venlo, 1988, geen paginanummer
10 Dolf Welling, op cit. (zie noot 4) p.16
11 Deze betekenis is door de kunstenaar ooit verteld, maar het zou ook kinderspeelgoed kunnen zijn.

Tessa, 1980
olieverf op doek,
100 x 100 cm
Particuliere collectie

Zij houdt van rood en rozen, 1992
olieverf op doek,
100 x 90 cm
Particuliere collectie

Aat Verhoog

Kimberley op de bank,
1979
olieverf op doek,
100 x 120 cm
Particuliere collectie

Twee vriendinnen,
1986
olieverf op doek,
120 x 70 cm
Collectie kunstenaar

Juli aan het strand,
1973-1974
olieverf op doek,
100 x 120 cm
Particuliere collectie

L'après-midi bleu, 1978
olieverf op doek,
100 x 100 cm
ING collectie,
Amsterdam

Verdrijving uit het paradijs, 1972-1974
olieverf op doek,
120 x 120 cm
Particuliere collectie

Gerrie Wachtmeester (1957)

'Ik ben een romanticus in een niet perfecte maatschappij en ik schilder een wereld, waarin het wel klopt.'

In veel van Gerrie Wachtmeesters schilderijen staat een groot, elegant, rijk gedecoreerd huis in een landschap. Soms is het alleen de poort die vermoedelijk naar zo'n huis toegang geeft. Bomen staan eenzaam in het veld. Het daglicht is schemerig, donkere wolken stapelen zich opeen. Zonlicht is slechts te zien aan de horizon. De aanwezigheid van de mens ontbreekt, maar zijn voortbrengselen getuigen wel van zijn bestaan. Er heerst een onrust in het landschap, alsof er iets staat te gebeuren.

Op *Doorkijk*, 1998 zijn al deze elementen aanwezig. Het huis staat eenzaam op een vlakte, zichtbaar tussen twee kale bomen. Uit de wolken valt regen.

Het huis is een plek die bescherming biedt tegen de eeuwig aanwezige dreiging van de natuur en van de mens. Daarmee bedoelt de kunstenaar het onvoorziene in het leven.[1] Dat er dingen kunnen gebeuren die we niet hadden voorzien en niet hadden gewild. Het gaat hem er om te aanvaarden dat het leven naast alle blijde ook donkere zijden heeft.

In *Doorkijk* vormt het licht in de verte een tegenwicht tegen de zwarte luchten. De kale bomen houden tegelijk een belofte in van een nieuw voorjaar, waarin het blad weer uitloopt. Het huis staat er eenzaam en streng maar heeft geen gordijnen zodat het open is voor iedereen die wil komen schuilen.

De streek Westerwolde in de provincie Groningen is de streek waar Wachtmeester zijn inspiratie opdoet. Daar komt hij vandaan. De grote herenboerderijen en het noordelijke landschap zijn voor Wachtmeeester symbool voor de manier waarop de mensen in Groningen denken: 'erg direct, erg rechtlijnig'. Zijn schilderijen zijn opgebouwd in strakke horizontale en verticale lijnen. Het huis of andere architecturale vormen en de bomen in zijn voorstellingen contrasteren met de vlakke horizon en de bossages.

Zondagmiddag, 1998 is zo'n voorbeeld. Het werk is opgebouwd uit horizontale en verticale elementen.

De pilaren van het toegangshek zijn minstens een eeuw oud. Oude gebouwen vindt Wachtmeester nu eenmaal mooier. 'Oude waarden en normen blijven bestaan. Een nieuw bouwsel moet zich als een nieuwe waarde nog bewijzen', voegt de kunstenaar er aan toe. Het ouderwetse verkeersbord benadrukt dit standpunt. Rechts staat een 'wachtmeestershuisje', een grapje om zijn naam.

De atmosfeer is geheimzinnig, een beetje griezelig. Alleen in de verte is de lucht helderder. Er leidt een weg naar toe. We kunnen die nemen, want de poort staat op een kier. Hij is niet gesloten. De oplossing is het dichte bos niet te ontvluchten, maar er door heen te gaan op weg naar het licht.

In de verbeelding van Wachtmeester komen het verleden, de opgedane ervaring samen met het heden en de toekomst. Hij is op zoek in zijn werk naar de essentie, het geheim van de werkelijkheid. 'Ik streef er naar dat geheim te bezitten, dat wil zeggen te schilderen.'

Wachtmeesters verlangen naar het opheffen van de tegenstellingen in het leven is die van een romanticus. 'Ik ben een romanticus in een niet perfecte maatschappij en ik schilder een wereld waarin het wél klopt. Werken met compositie, symboliek, de immer aanwezige dreiging en toch altijd weer de positieve kant blijkt daarom heerlijk.'[2]

In zijn werk laat hij zich beïnvloeden door de Duitse romantische schilder Casper David Friedrich, maar ook door de landschapsschilders Meindert Hobbema, B.C. Koekkoek en de luchten van Jacob Ruisdael. Wachtmeesters schilderijen bevatten echter ook de spanning, het dreigende, het onbekende en de symboliek die sterke verwantschap vertonen met het magisch realisme van Carel Willink en Raoul Hynckes.

Poorten en hekken vormen een symbolische afsluiting, een overgang tussen de weg waar we vandaan komen, onze jeugd met alle herinneringen, en de weg die we nog kunnen gaan volgen, de toekomst.

De Braak, 1993 verbeeldt een weg, die tussen een poort door loopt. Het hek staat wijd open. We kunnen die weg nemen, maar ook het onbegaande pad rechts door de weilanden. Rechts staan wel hekpaaltjes, maar er zit geen draad tussen. We kunnen zo doorlopen. Het landschap is mistig met kale bomen en er staat een in de herfst roodbruin geworden beukenhaag.

De voorstelling bezit, zoals de meeste van Wachtmeesters schilderijen, een centrum, een punt waar onze blik naar toe glijdt en een tegencentrum, waar onze blik vervolgens heen gaat. Eerst kijken we naar de weg, dan naar de doorkijk rechts.

Wachtmeester houdt van de warme rode kleur van de herfst. Het drukt warmte uit, liefde en bescherming.

Met dit concept speelt hij onder andere in *Boomwal*, 1996. Het landschap bij Ter Apel vormde de inspiratie voor dit paneel. Links van de boomwal staat jonge aanplant, bijna overwoekerd door het onkruid. Oud tegenover nieuw. Links, maar ook rechts tussen de kale bomen door kunnen we in de verte het licht zien schijnen. Het is koel tegenover het roodbruin van de warme herfstbladeren.

De sfeer van een plek, de herkenning die deze oproept, doet de schilder besluiten het tot onderwerp van een schilderij te maken. Voor hem is het van belang om die sfeer vast te houden.

De landschappen en gebouwen worden vanuit het geheugen en de fantasie geschilderd. De werkelijkheid was hoogstens ooit aanleiding voor het onderwerp.

In *Noordereinde*, 1999 zijn het gebouwtje en het landschap geheel vanuit de fantasie geschilderd.

In het algemeen begint Wachtmeester eerst de lucht te schilderen. De atmosfeer van de lucht bepaalt het karakter van de voorstelling. Dan zet hij er een gebouw neer en langzamerhand groeit de rest. Hij heeft geen uitgewerkt concept in zijn hoofd. In dit werk heeft hij na de lucht het achthoekige gebouwtje neergezet. Daarna kwamen langzamerhand de bomen tot stand, één voor één.

Het kleine gebouw met zijn achthoekige vorm oogt als een veilig plekje. De bomen zijn als mensen verschillend in grootte en dikte, die zich om het huisje hebben gegroepeerd. De bodem heeft de bekende warmbruine kleur. Licht is in de verte volop aanwezig.

Dit vlakke landschap is voor de kunstenaar het ultieme landschap. Het is de plek waar niet alleen hij is geworteld, maar ook zijn ouders en broers. 'Hier liggen mijn roots, maar is ook de werkelijkheid aanwezig, evenals de herinnering en mijn *whishful thinking*.'

Door deze monumentale structuren uit hun natuurlijk verband te halen en ze in een romantisch landschap te plaatsen, wil de kunstenaar een 'harmonie scheppen tussen sfeer, droom en werkelijkheid'. Mensen en dieren passen daar niet bij, hoewel hun aanwezigheid wel voelbaar is. Hun aanwezigheid zou de rust van het beeld verstoren en onvoldoende ruimte laten voor de eigen fantasie en dromen. Door de indirecte aanwezigheid van mensen in het landschap wordt de kracht van de natuur juist zo sterk voelbaar.

1 Gegevens in dit artikel zijn ontleend aan een gesprek met de kunstenaar door de auteur d.d. 27 februari 2001
2 Herman Sandman, 'Steeds minder de werkelijkheid', *Groninger Gezinsbode*, 9 augustus 2000

Boomwal, 1996
olieverf op doek,
61 x 76 cm
ING collectie,
Amsterdam

De Braak, 1993
acryl op paneel,
67 x 80 cm
ING collectie,
Amsterdam

Doorkijk, 1998
olieverf op paneel,
80 x 80 cm
ING collectie,
Amsterdam

Zondagmiddag, 1998
olieverf op paneel,
58,5 x 78,5 cm
ING collectie,
Amsterdam

Noordereinde, 1999
olieverf op paneel,
59 x 79 cm
ING collectie,
Amsterdam

De winter bracht het voorjaar, 1989
olieverf op paneel,
57 x 67 cm
ING collectie,
Amsterdam

Het geheim van Vennebroek, 1997
olieverf op paneel,
70 x 100 cm
Particuliere collectie

Kik Zeiler (1948)

'Als kunstenaar vier ik het bestaan.
Het feit dat we er zijn.
Dat wil ik tonen in al zijn facetten.'

Kik Zeiler koos niet direct voor het kunstenaarsvak. Eerst studeerde hij een jaar rechten en drie jaar kunstgeschiedenis. Pas door de confrontatie met werk dat hij in galerie Mokum in Amsterdam zag, besloot hij te gaan schilderen.[1] Bij de moderne kunst voelt hij zich niet thuis. 'Het afzetten tegen de moderne kunst, die zwarte bladzijde in de kunstgeschiedenis, is wel van invloed op wat ik maak. Maar wát je maakt wordt toch voornamelijk bepaald door drijfveren die vanuit jezelf komen.'[2]

De kunstgeschiedenis heeft hem geleerd te kijken, te leren nadenken over het kunstenaarsschap, over stijlen en het opbouwen van een oeuvre. De Vlaamse primitieven hebben hem beïnvloed in de fijne uitwerking van het detail in de achtergrond. Hij houdt van volle schilderijen waarop veel te zien is. Die schildert hij dan in een preciese verfstreek.

Zeilers voorkeur gaat uit naar het schilderen van mensen. Die zijn het meest inspirerend, want iedere eigen persoonlijkheid is boeiend. Zij zijn deel van het 'er zijn', van het bestaan zelf. Het liefst werkt hij met modellen, want hij houdt er niet van om van foto's te werken. Het kunnen vrienden en bekenden of hijzelf zijn die hij schildert in zijn vrije werk of onbekende personen voor opdrachten. Relatief veel werk maakt hij in opdracht, hoewel hij het liefst de verdeling wat evenwichter zou zien.[3]

Een vroeg portret in opdracht is dat van *Peter*, 1978. Een man staat nadrukkelijk op de voorgrond en kijkt ons aan. Zijn blik is in zichzelf gekeerd. We kunnen zijn gedachten niet lezen, maar zijn nadrukkelijke aanwezigheid maakt ons wel nieuwsgierig en nodigt uit om nog eens beter te kijken. Zeilers voorliefde voor andere genres in de schilderkunst, zoals het stadsgezicht komt hier tot uitdrukking. De achtergond is geheel gevuld met een aangezicht van de Amsterdamse Reguliersgracht en de Westertoren.

Tijdens het schilderen moet de kunstenaar een band met de geportretteerde voelen, zodat er een wisselwerking tussen schilder en model ontstaat. Hij zoekt naar het moment dat de persoon die tegenover hem poseert, in zichzelf is verzonken. Dan maakt hij schetsen en is hij in staat het innerlijk beeld van de afgebeelde persoon in het portret weer te geven. Zeilers portretten bevatten die combinatie van gelijkenis en verstilling. De geportretteerde figuren zijn in zichzelf gekeerd; meerdere figuren in een voorstelling zijn van elkaar geïsoleerd en communiceren niet.

In het schilderij *La Notte* (de nacht), 1992 is een groep mensen te zien in een café. Ieder kijkt een andere kant uit; niemand praat met de ander. Centraal in beeld staat de vrouw in haar laag uitgesneden jurk (de kunstenares Bernardien Sternheim) leunend op de bar, sigaret en glas cognac in de hand. Er gaat een zekere melancholie van haar uit. Schuin achter haar staat Zeiler zelf, slechts ten dele zichtbaar. De aanwezigen zijn nauwkeurig afgebeeld, allen ernstig kijkend. Er kan geen lachje af terwijl het café toch een plek is waar men plezier wil maken. Rechts achterin zit een man. Hij is de enige die ons aankijkt. Hij houdt een potlood in zijn hand alsof hij de toeschouwer aan het tekenen is.

De achtergrond van de ruimte is geheel gevuld met decoratieve elementen die met dezelfde aandacht zijn geschilderd als de mensen. Perspectief en diepte ontbreken nagenoeg waardoor de aandacht op de figuren op de voorgrond blijft gericht. De invloed van de vroege Vlamingen is hiermee duidelijk merkbaar.

Zeilers personages kijken altijd serieus. Zij weerspiegelen de persoonlijkheid van de kunstenaar en zijn kijk op het bestaan. Zeilers geschilderde personages zijn de weerslag van zijn waarneming. Zijn eigen persoonlijkheid is als het ware het filter waardoor de waarneming gaat. In die zin zijn Zeilers werken doordrenkt van zijn eigen persoonlijkheid. 'Met zijn portretten creëert Kik een mensbeeld, dat hij koppelt aan een wereldbeeld. Zijn visie op de mens karakteriseert hij als realistisch, ontdaan van religiositeit en bijgeloof. Zijn credo zou kunnen zijn; *kijk maar, je ziet wat je ziet*.'[4]

Zijn persoonlijkheid dringt ook door in de keuze van onderwerpen. Zo zullen we op zijn schilderijen nooit echte natuur zien, maar alleen door de mensen aangelegde parken en tuinen. Als stadsmens voelt hij zich daar het meest toe aangetrokken.

In *Magnolia Melancholica*, 1989 is dezelfde vrouw afgebeeld als in *La Notte*, maar nu in mantelpak op het Rembrandtplein in Amsterdam. Haar gezicht heeft een melancholische uitdrukking, waarnaar ook de titel van het werk verwijst. De magnolia is een boom die in het voorjaar als eerste bloeit, maar ook als eerste weer verwelkt. De gevallen magnoliabladeren lijken een symbolische verwijzing naar het vergaan van schoonheid. Een dergelijke symboliek vinden we met name ook bij Raoul Hynckes.

Voordat Zeiler een schilderij gaat opzetten, maakt hij eerst schetsen op papier om vorm en compositie te bepalen. Daarna begint hij aan het doek waarbij de compositie langzaam uit de verf komt. Hij schildert zo dun mogelijk met zo min mogelijk olie in de verf om de kleur schoon en helder te houden. 'Elke dag een schoon palet', is zijn motto. Het liefst gebruikt hij veel kleur.

In het schilderij *'t Bakkertje*, 1993 heeft de kunstenaar een vriend weergegeven in het interieur van het Bakkerijmuseum in Hattem. In feite is het de weergave van zijn jeugdherinnering, want als veertienjarige werkte hij daar geruime tijd. De stenen oven en de schappen zijn met de grote precisie geschilderd van de veertiende-eeuwse meesters, terwijl de attributen, zoals de bus en de mand boven op het schap doen denken aan zeventiende-eeuwse stillevens. Zeilers kunsthistorische achtergrond komt hier om de hoek kijken. Door diverse stromingen heeft hij zich laten beïnvloeden.

De geschilderde daken die zichtbaar zijn door het raam, geven het schilderij nauwelijks enige diepte, waardoor de twee-dimensionaliteit in dit werk sterk aanwezig blijft.

De laatste jaren schildert de kunstenaar meer vanuit zijn fantasie. Zijn onderwerpen worden vrijer. Hij heeft het gevoel dat er een langzame ontwikkeling zit in zijn werk, maar dat hij nog niet is waar hij wil zijn. In zijn zoektocht naar perfectie heeft hij zijn einddoel nog niet bereikt.

In *Waterfiets*, 1990 zien we twee mensen op een waterfiets in een zonovergoten gracht. Een man op een bankje kijkt toe. Elk element in het schilderij is tot in detail uitgewerkt, licht en schaduw zijn zorgvuldig afgewogen.

Zeilers werktempo ligt laag; hij maakt ongeveer zes schilderijen per jaar.

1 Gegevens voor dit artikel zijn ontleend aan een gesprek met de kunstenaar door de auteur d.d. 30 januari 2001
2 Raymond Bouwman (red.), *30 jaar realisten*, Amsterdam, 1992, p.117
3 op. cit. (zie noot 1)
4 Anja van Leeuwen, 'Een portret van Kik Zeiler', in: Paul M. Ellis e.a., *Gelijkenissen. Portretten van Kik Zeiler*, Amsterdam, 1998, p.4

La Notte, 1992
olieverf op doek,
84 x 101 cm
ING collectie,
Amsterdam

Waterfiets, 1990
olieverf op doek,
39 x 72 cm
ING collectie,
Amsterdam

Zelfportret in spiegel, 1996
olieverf op doek,
58 x 68 cm
ING collectie,
Amsterdam

Magnolia Melancholica, 1989
olieverf op doek,
155 x 95 cm
Collectie Berentsen-Tanja

Peter, 1978
olieverf op paneel,
38 x 35 cm
Collectie
P.W.M.M. Maassen

't Bakkertje, 1993
olieverf op doek,
96 x 84 cm
Collectie kunstenaar

De donderdag – het bezoek, 1996-1999
olieverf op doek,
85 x 63 cm
Collectie E.V. Aremia

In slaap gevallen,
1989
olieverf op doek,
44,5 x 61,5 cm
Collectie Houtman

Literatuur

Dick Adelaar e.a., *Herman Gordijn*, Amsterdam, 1988
Emily Ansenk e.a., *Voor Eeuwig Bevroren 1975-1998. Barend Blankert, 1941*, Amsterdam, 1999
Roel Arkesteijn, e.a., *Promenade in 't Haagse. Kunstcollectie Promenade Hotel*, Den Haag, 1996
Sjoukje Baas, *De druiven van Zeuxis: de vreemde wereld van het hedendaags realisme*, Den Haag, 1993
Wim van der Beek, *Ans Markus. In de ban van Medea*, Amsterdam, 1999
Wim van der Beek, *Ans Markus*, Amsterdam, 1995
Wim van der Beek, *Ans Markus*, Amsterdam, 1992
Hermanus Berserik, *Berserik. Na vijftig jaar schilderen*, Amsterdam, 1988
Hermanus Berserik, John Sillevis, *Hermanus Berserik*, Den Haag, 1983
Chris de Boer, *Aat verhoog. De schilder en zijn model*, Venlo, 1988
Chris de Boer, *Aat verhoog. Kunstartiest*, Groningen, 1986
Chris de Boer, *Aat Verhoog. Litho's en etsen*, Voorburg, 1993
Raymond Bouwman (red.), *30 jaar Realisten*, Amsterdam, 1992
Rutger Brandt e.a., *Theo l'Herminez. Verboden vruchten*, Amsterdam, 1999
J. Bremer, *Frans Clement*, Eindhoven, 1976
Heleen Buijs, Feico Hoekstra, *Vormen van Figuratie. Figuratie en traditie in de Nederlandse beeldende kunst (1945-2000)*, Zutphen, 2000
Johannes Buwalda, *Barend Blankert. New Paintings*, Brussel, 2000
Louis Coolen e.a., *Aat Verhoog*, Venlo, 1979
Ruth Irmgard Dalinghaus, *Noordbeeld. Figuratieve Kunst uit Noord-Nederland en Noordwest-Duitsland*, Assen, 1992
Lo van Driel, Aat Verhoog, *Aat Verhoog. De schilder en zijn verhaal*, Venlo, 1993
Leo Duppen, *Petit Parade*, Amsterdam, 1990
Galerie Mokum, *20 Jaar Nieuwe Realisten*, Amsterdam, 1982
Jan van Geest, *Vijftig jaar Nederlandse realistische kunst*, Amsterdam, 1970
Rieneke Harkema, *Nederlandse figuratieve kunst na '45, deel I. De Veelheid*, Eelde, 1996
Germa Heerbeek, *Pieter Pander*, Franeker, 1992
Henk Helmantel, *Henk Helmantel*, Marum, 1998
Liesbeth Hemelrijk, *Een Verzameling. realisme renaissance*, Rotterdam, 1991
Magdaleen van Herk, *Kenne schilder/painter*, Vierlingsbeek, 1997
Marijke Höweler, Ans Markus, *Ans Markus. Realisme en portretten*, Amsterdam, 1986
Diederik Kraaijpoel, *Was Pollock kleurenblind?*, Amsterdam, 1999
Diederik Kraaijpoel, *Matthijs Röling. 20 Schilderijen uit de collectie van neef Cees*, Eelde, 1993
Diederik Kraaijpoel, *Matthijs Röling. Schilderijen*. Amsterdam, 1993
Diederik Kraaijpoel, *De Nieuwe Salon: officiële beeldende kunst na 1945*, Groningen, 1989
Anja van Leeuwen, *Gelijkenissen. Portretten van Kik Zeiler*, Amsterdam, 1998
Willem J. Meijer, *Henk Helmantel*, Groningen, 1988
R.W.B. Oxenaar, *Co Westerik, Tekeningen, aquarellen, lithografieën*, Voorburg, 1956
Max Pam, *Westerik in de collectie Becht*, Voorburg, 1999
Peter van Poppel, *Peter van Poppel. Groot Atelier*, Amsterdam, 1982
Brondan Prendeville, *Realism in 20th Century Painting*, Londen, 2000
Jasper van Putten, Janna van Zon, *Jasper van Putten. Met opgeheven hoofd*, Amsterdam, 1994
Realisten 1998: Dinie Boogaart ... Gerard van de Weerd, Amsterdam, 1999
Realisten 1999: Tobias Brander ... Kik Zeiler, Amsterdam, 1999
Hans Redeker, *Acht Realisten. Visioen van het alledaagse*, Venlo, 1983
Matthijs Röling, *Over Kunst. Een preek en een parabel*, Groningen, 1978
Piet Sebens, *Met Intens Genoegen*, Marum, 2000
Piet Sebens, *Piet Sebens. Schilderijen*, Groningen, 1996
Hans Sizoo, *Herman Gordijn*, Leiden, 1977
Hans Sizoo, *Jan van Tongeren. Schilderijententoonstelling*, Den Haag, 1982
Sacha Tanja e.a., *ING-collectie. Een selectie*, Amsterdam, 1998
Sacha Tanja, *Uit de kunst van de bank. De kunstcollectie van de NMB Bank*, Amsterdam, 1992
Lambert Tegenbosch, *15 Jaar Nieuwe Realisten*, Amsterdam, 1977
Peter Thoben, *Frans Clement. Uitgelichte Realiteit*, Eindhoven, 1995
Willem van Veldhuizen, *Willem van Veldhuizen*, Rotterdam, 1991
Adriaan Venema, *Jan van Tongeren*, Amsterdam, 1977
Frigo Visser, *Jonge realisten uit galerie Wiek XX in het Drents Museum. Spoor zoeken tussen traditie en avantgarde*, Assen, 1996
Johan Vleeskens, *Nederlandse figuratieve kunst na '45, deel II. De grijpbare vorm*, Eelde, 1997
Johan Vleeskens, *Nederlandse figuratieve kunst na '45, deel III. De losgezongen toets*, Eelde, 1998
Hielke de Vries (red.), *Galerie Wiek XX. 1977-1992*, Groningen, 1992
Co Westerik, Cor Blok, *Co Westerik. Schilderijen*, Baarn, 2000
Annemarie de Wildt, *Het Amsterdam van Herman Gordijn*, Amsterdam, 1997
Janna van Zon, *De Mokum Collectie*, Amsterdam, 1985

Bruikleengevers

Amsterdams Historisch Museum
Apollo Melkprodukten, Nijmegen
De heer E.V. Aremia
Collectie Berentsen – Tanja
Museum van Bommel van Dam, Venlo
De heer R.J.B. Brandt
Mevrouw Nicolette J. Brink – Kunstzaken, Nieuwerbrug
Caldic Collectie, Rotterdam
De heer Jan Dijker en mevrouw Marijke Veldhuis
Frisia Museum, Spanbroek
De heer Herman Gordijn
De heer Henk Helmantel
Mevrouw Marit l'Herminez
Collectie Houtman
De heer F.W. Huibregtsen
ING Collectie, Amsterdam
De heer Koos de Looff, Rhoon
De heer P.W.M.M. Maassen
Galerie Maria Mineta, Brussel
Museum voor Moderne Kunst, Arnhem
De heer Dennis Møgelgaard, Virum (Denemarken)
Galerie Mokum, Amsterdam
Collectie Ostendorf – Mulder
De heer Peter van Poppel
De heer G. de Rijk en mevrouw M. van der Zalm
De heer dr. ir. L.H. Ruiter
Beeldentuin De Tienhof, Tienhoven
Unilever Nederland BV, Rotterdam
De heer Aat Verhoog
De heer M.N.O. Vervat
De heer Kik Zeiler
De heer Jaap Zijlstra
Collectie Janna van Zon

en bruikleengevers die anoniem wensen te blijven

Colofon

Deze catalogus verschijnt naar aanleiding van de gelijknamige tentoonstelling, gepresenteerd van 19 mei tot en met 26 augustus 2001, in de Kunsthal Rotterdam.

Tekst
Heleen Buijs

Adviezen
Rutger Brandt
Loek Brons
Wim Pijbes
Sacha Tanja
Erik Wentges

Coördinatie
Esther Kolvenbach

Eindredactie
Saskia Cornelissen
Anouk Glaudemans
Wim Pijbes

Vormgeving
Berry Slok

Druk
Waanders Drukkers, Zwolle

Met dank aan

ING

Fotoverantwoording
Art Revisited, Marum
co-press-studio / Frans Hemelrijk, Amsterdam
Tom Haartsen Fotografie, Ouderkerk aan de Amstel
Bob Goedewaagen, Rotterdam
Nederlof Repro, Cruquius - Heemstede
Van Spijk Art Projects, Venlo
John Stoel Fotografie, Haren
Hans Wilschut Fotografie, Rotterdam

ISBN 90 400 9538 8 (hb)
ISBN 90 400 9560 4 (pb)
NUGI 921, 911

Meer informatie over Waanders Uitgevers is te vinden op www.waanders.nl

Afbeelding omslag
Dick Pieters
Zwemmers, 1993
olieverf op paneel
110 x 140 cm
ING collectie, Amsterdam